ソネ ジュンコ

71歳、団地住まい

毎朝、起きるのが楽しい「ひとり暮らし」

ダイヤモンド社

私の半生は、天国から地獄へと
ジェットコースターのような
ものでした。

父親が会社を経営する裕福な家庭に生まれ、
経済的には何不自由ない幼少期を送りました。

その後、大学を卒業して間もなく結婚するも、
性格の不一致から離婚。

3人の子どもたちとともに実家に戻りましたが、
父親の庇護《ひご》のもと、
それまでと変わらず生活を送ることができました。

ところが、頼りにしていた実家が突如倒産……。

49歳という年齢で住む家をなくし、
ついには預金通帳の残高が
ほぼ0円になったのです。

それまでの前半生とはうって変わって赤貧《せきひん》生活に陥り、
まさに身ひとつからの再出発を余儀なくされました。

そんな私を救ってくれたのは、
健康に対するあくなき探求心でした。

整体院で働きつつお金を貯め、
ボディーワーカーとして自身のスタジオを開設し、
自力で生活できる収入を得ることができるようになったのです。

ところが、そこまで這《は》い上がったところで、
またも地獄へ突き落とされるようなことが起こります。

61歳のとき、「ステージⅢC」という
末期寸前の子宮頸《けい》がんが判明したのです。

体が丈夫なのが
とりえと思っていた私にとっては、
まさに青天の霹靂《へきれき》でした。

あとで知ったことですが、
周囲の人たちは、「もう助からないだろう」
と覚悟していたようです。

もっとも当の本人は希望を捨ててはいませんでした。

私は必ず治る。

そして今度こそ体のことをイチから見直して、
本当の健康を手に入れてみせると思ったのです。

その思いが通じたのか、九死に一生を得て、
無事に古希《こき》を迎えることもできました。

天国から地獄へと、
振り幅の広い71年の人生を振り返って
思うことがあります。

人生、いつ何が起こるか誰にもわからない。
だからこそ今、

この瞬間を楽しまなきゃ損！

71歳、1DKの団地住まい。
ひとり暮らしですが、
毎朝、起きるのが楽しい。

そんな私のライフスタイルを
【人間関係】【食事】【睡眠】【健康】
【メンタル】【ファッション】
【インテリア】【パソコン】
というテーマに分けて初公開します。

参考になることがあれば、明日からといわず、
ぜひ今日からお試しください。

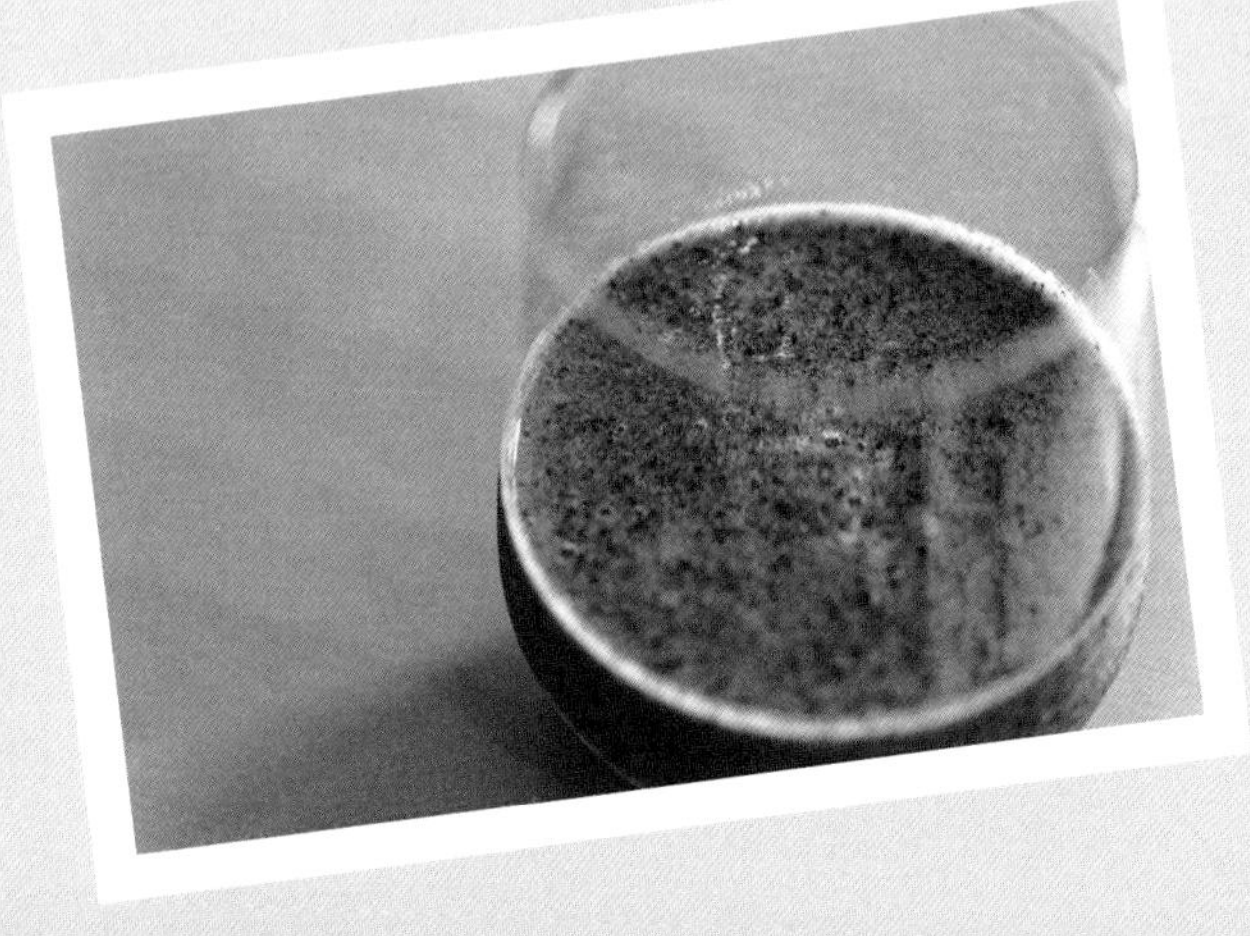

目次

序章
離婚、倒産、闘病……でも今、笑って生きています

第1章
我慢しない……ワガママなくらいがちょうどいい

人間関係

第2章

食事 簡単にパパッとつくっておいしく食べる……しょうゆ麹、コンソメ麹、ぬか漬け、発酵ドリンク

第3章

睡眠 疲れを翌日に持ち越さないようにしています

第4章

健康 無理せず、頑張らず、体を鍛えています

第5章

メンタル　思い出を大切にしても過去には執着しません

第6章

ファッション

既製服もアレンジしてオシャレに着こなします

第7章

インテリア

DIYって、やってみると意外と楽しいんです

第8章

パソコン
動画編集も自分でやってしまいます

序　章

離婚、倒産、闘病……
でも今、
笑って生きています

裕福だけど窮屈《きゅうくつ》さを感じていました

私は1952（昭和27）年、大阪市で生まれました。

日本が戦争から復興して高度経済成長期に入ったのが1955年ごろですから、日本の成長と歩みを同じくして大人になりました。

父母と私の下に弟と妹のいる5人家族です。

建設資材販売会社を経営していた父は、今思えば、かなりのやり手だったと思います。

1964年の東京オリンピックと同時に東海道新幹線を通す計画が持ち上がり、新大阪駅ができることになりました。

現在の新大阪駅といえば、父の会社があった場所です。駅ができるというので周辺の土地開発が始まり、地区開発審議会が発足することになりました。

そこで父は審議会の委員に立候補して、トップ当選を果たします。

父は若き日の石原慎太郎さんに似たイケメンで押しも強く、口も達者でした。思い切った決断もできる人だったので、「これは土地の価格が上がる!」と見込んで、新大阪駅周辺の土地をかなり大量に買っていたようです。

これがのちのバブル崩壊時に奈落の底へ転落するきっかけとなるのですが、それはまだ先のことです。

私の前半生は目端《めはし》が利いて商才のある父のおかげで、物質的には何不自由ない恵まれたものでした。

妻子に経済的な不自由をさせないという点では、父は立派に一家の主《あるじ》の務めを果たしていましたが、だからといって家庭人として立派だったかというと決してそうではありません。

きっと私と同じ年くらいの方ならご理解いただけると思いますが、何しろ父は大正生まれの「ザ・昭和の男」です。

「男は金を稼いで妻子を食べさせられれば上等。贅沢《ぜいたく》をさせられれば最上級」という意識の持ち主で、「たくさん稼いでくる俺様の意見が絶対。妻子は服従していればいい」と頭から信じて疑いませんでした。

だから、高校生になっても、私の門限は午後6時。

高校に入ってから繁華街で遊ぶことを覚えた私は、いつまでも友達と遊んでいたかったのですが、父が帰宅したときに私が家に帰っていないと、母が父にひどく怒られてしまいます。

何しろ「昭和の男」なので、カッとなったら妻に「お前のしつけが悪いからだ！」と手を上げるのです。

優しくて父に口答え一つしない母が、私のせいで殴られるのは忍びなく、自分の気持ちを抑えて両親の前では「いい子」を装わなくてはなりませんでした。

人とは違った進路を選びたい

やがて高校3年生になり、進路を選択する時期がやってきました。

当時はまだ女性の大学進学率が低い時代で、進学したとしても「文学部」を選ぶ人がほとんどでした。

ここで私の〝人と違うことをしたい病〟がむくむくと頭をもたげます。

不動産業という仕事柄のせいか、父は法律に詳しく、仕事関係で家にやって来た人と法律関係の話をすることがありました。

内容はわからずともその話に興味を持っていた私は、「法学部」へ進学することにしたのです。

大学進学を理由に親元から離れて、東京でひとり暮らしをする気満々。珍しく親もそれに賛成してくれていたのですが、いちばん入試日程の早かった神戸の甲南大学に合格したとたん、手のひらを返されてしまいました。

「近場の大学に合格したんだから、もうほかを受ける必要はないだろう。東京にはやらない」という父の言葉で万事休す……。

従うしかありませんでした。

とはいえ、大学生活は満喫できました。

父の仕事がよりいっそう忙しくなり、ほとんど家に帰って来なくなったからです。そうなると、もう私の天下です。

ジャズボーカルに興味を持った私は、知人の紹介で、キャバレーやジャズバーに出入りして歌わせてもらうようになりました。

一方で、そのころデザイナーズブランドのブームが始まりました。オシャレをするのが好きな私は、見よう見まねで流行の最先端の服を手づくりするようになります。

昼は大学と服づくり、夜は遊びとジャズシンガーの活動と、毎日があっという間にすぎていきました。

同じ家庭環境の人と初めて出会いました

そんな大学時代、私はひとりの男性と巡り合いました。

彼は神戸の某老舗のひとり息子。生まれて初めて自分と同じ家庭環境の人とおつき合いしてみて、とても心が楽になるのを感じました。

いやみったらしく聞こえるかもしれませんが、ある時期、私はどうやら自分の家が裕福らしいと気づいたのです。

たとえば、大学生になると車の免許を取りに行く人が多いですよね。でも、免許を取りたての大学生の娘や息子に、「免許の次は車ね」とポンと車を買ってくれる家はそう多くないと思います。

ところが、私の家はその少数派の「免許の次に車をポンと買ってくれる家庭」だったのです。

今となってはとんでもない贅沢だと感じますが、当時の私は裕福な生活が当たり前になってしまっていて、「車の色が気にくわない。私に選ばせてくれればよかったのに」なんて思っていました。

本当に罰当たりな話です。


そんなことを堅実に生活している家庭で生まれ育った人には言えません。小娘の私にも、それくらいはわかりました。

ところが、彼には言えたんです。私と同じか、それ以上に裕福で、欲しいものはなんでも与えてもらってきた人だったからです。

そういう意味で、彼といるのはとても気持ちが楽でした。「この人とは価値観が合う」と感じたのです。

夏休みにはお互いの親が所有する別荘で過ごすなどして、ごく自然な流れで大学を卒業して半年後には結婚しました。

恵まれた結婚生活だったけれど……

新居は結婚相手の親が所有していた、神戸の一等地に建つ100㎡以上ある広々としたマンションでした。

3人の子宝にも恵まれました。結婚相手は家事育児を手伝ってくれることはなかったので、それなりに忙しかったですが、基本的な生活は結婚前と何も変わってはいませんでした。

結婚して子どもが3人いる主婦になったというのに、なんと私は生活費がどこからどう出ているのかすら考えたことがなかったのです。

ちょっと生活費が足りないなと感じたら、「今月、お金ないの」と実家に駆け込んでいました。

どこに行くにも車を使っていましたが、ガソリン代を払ったこともありません。「ガソリン券」というのを持たせてもらい、支払いをそれですませていたからです。

30歳をすぎてもそんなことをしていたのですから、我ながら情けなくなってきます。

性格の違いに耐えられなくなったんです

そんなふうに何不自由なく過ごして、子どもたちもすくすくと育ち、順風満帆な結婚生活が続いていきました。

ところがそんな中で、私は結婚相手との関係に少しずつ違和感を覚えるようになったのです。それは相手も同じだったのではないかと思います。

結婚生活の中で私は、自分には衣食住すべてに「自分はこうしたい」というこだわりがあり、それを実行しないではいられない行動力の持ち主だということに気づき始めていました。

ひと言でいえば、常に何かを変えたい、変えていきたい、自分が変わり続けていたいという願望を持っているのです。それは今でも変わりません。

それに対して夫は、「これでいいじゃない」が口癖でした。私のすることに対して「なぜわざわざそんなことをするの?」と疑問に思い、納得ができないようなのです。


たとえば、こんなことがありました。

当時、私たちが住んでいたマンションのリビングには、比較的大きな扉つきの収納棚がありました。

その扉の裏側がむき出しのシナベニヤ合板で、私はそれがイヤでイヤでたまらず、ある日、ホームセンターでペンキと刷毛《はけ》を買ってきて、ペールグリーンに塗ってしまいました。

結婚相手には、その私の行動がまったく理解できなかったようなのです。

なぜそのままではいけないのか、どうしてわざわざ塗る必要があるのか……さらに言えば、こんな気持ちもあったのではないかと思います。

「男の僕だってしないような、そんな手を汚すようなことを、なぜ女の君がしなくちゃならないのか」。

もちろん、これだけが原因ではありません。これと似たような無数の性格の違いが積み重なって、いつしか私は「ここにいては自分らしく伸び伸びと生きることができない」と感じるようになっていきました。

いろんな工夫をして、家の中や生活をどんどん変えていきたい。私自身も変わっていきたい。変わっていくからこそ人生は面白い。

そう思う私に対して結婚相手は「変わらないこと」をよしとする人でした。「このままで十分幸せじゃないか。何をそんなに変える必要がある?」というのが彼のスタンスだったのです。

のちほど詳しくお話ししますが、〝自分らしさのオリジナリティ〟が大切だと思っている私は、洋服もちょっと変わったものを好んでいました。

当時の私の交友関係は、いわゆる神戸の山の手の奥様方が中心でした。みなさんは、シャネルタイプのスーツや、ジュンアシダなどの上品なブランドに代表されるコンサバで、きちんとしたファッションに身を包んでいました。

ところが私ときたらそういうきちっとしたファッションよりも、モダンで尖《とが》ったロックなファッションを好み、なおかつそれを自分流に気崩して着るのが好きだったのです。

もう見た目だけで周囲から「浮いてしまう」わけですね。

結婚相手からは「頼むから普通の奥さんみたいにしていてくれ」と釘《くぎ》を刺されました。

自分を責め続けて眠れなくなりました

自分を責めた時期もありました。「普通の主婦になれない私が悪い」と思い悩み、結婚相手のいう「上品な奥様風の服」を着たこともあります。

でも少しも楽しくないばかりか、居心地の悪さばかりを感じるのです。いかにも借り物の服を着ている感じ。

そのことに気づいてからは、もう夫とは一緒にはいられないのだと実感するようになりました。

「もう無理かも」と感じ始めた1年後、私は結婚生活が確実に破綻に向かっていることを強く感じるようになり、夜も満足に眠れなくなりました。

「もう離婚するしかない」「でもこれは私のわがままでしかないのでは？」という心の葛藤を繰り返すようになったのです。

3人の子どもたちを父親から離すことには罪悪感を覚えずにはいられません。しかし、私はどうしても、自分らしく生きることを諦めることができなかったのです。

そうして17年間の結婚生活に終止符を打つことになりました。

子ども3人を連れて離婚……そこに危機が訪れました

離婚をすることになって、子どもたち3人を連れて実家に戻った夜、私は久しぶりに熟睡することができました。

とはいえ、夜も眠れないほど悩んだ末の離婚を、「人生最大の挫折」と思い込んでいた私は、まだとてつもない〝甘ちゃん〟でした。

離婚後に住んだのは、会社を経営する父が所有していた150㎡のマンションです。父が経営する会社の役員に名を連ねていたので、役員報酬が支払われ、それを生活費に充てていました。なんて恵まれていたのだろうかと思います。

とはいえ、妹や弟の手前、実家に戻ってきた姉がいつまでも親がかりでいるのはよろしくありません。

そこで以前から興味のあった整体の仕事をしたいと思い、見習いのアルバイトとして働き始めました。

この経験がのちに私の人生を支える屋台骨となることを、この時点ではまだ知る由《よし》もありません。

頼りにしていた実家が倒産の憂き目に

バツイチで子ども3人の母子家庭とはいえ、実家が裕福であるがゆえに、経済的に困ることもなく、それまでと同じような暮らし方をしていた私ですが、2001年、ついに最大の試練が訪れます。

私の大きなよりどころであった父の会社が倒産したのです。

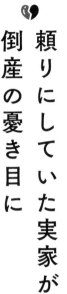

すでに父から代替わりして社長を務めていた弟から「とうとう会社がダメになった。姉さんの住んでいるマンションも売りに出すことになったから、1か月以内に引っ越し先を見つけて出て行ってくれ」と言われたときの衝撃を、私は一生涯忘れることはないでしょう。

私には長男・長女・次女と3人の子どもがいますが、ちょうど末っ子の次女が高校に進学するタイミングでの出来事でした。

まさにこれから子どもにお金がかかるようになる時期に、それまで「あって当然」と思っていた後ろ盾《だて》を完全に失うことになったのです。

それまで親の持つ財力にどれだけ依存してきたか、初めて突きつけられた瞬間でした。

お金がないことの切なさを痛感しました

実は当時のことを私はあまりよく覚えていません。

ショックが大きすぎたことと、少しでもお金をつくるために売れるものは全部売るなど、1か月以内に引っ越しをするためにしなければならないことが多すぎて、自分に考えること、覚えることをあえてストップさせたのではないかと思います。

その上、私は生来の見えっ張りときています。どんなにつらいことがあっても顔色一つ変えず、「私は平気よ」という顔をしていたいというのもありました。

イヤなやつですよね……。

でもそんなかっこつけのイヤなやつだからこそ、人生最大の局面、それも天国から地獄に突き落とされるような局面を、なんとかやり過ごせたのではないかという気もするのです。

そして自分の弱さを認めることが苦手で、どんなことでも乗り越えられる人間だと思っていたい私は、あえてつらい感情に蓋《ふた》をしてきたのではないかと思うのです。

今だから正直に言えます。あのときは本当につらかったです。

もの心ついてからお金の苦労を一度もしてこなかった私にとって、毎月当然のものとして入ってきていたお金が入ってこなくなるというのは、恐怖以外の何ものでもありませんでした。

もう49歳にもなっていたのですが、お金について、まったく自立できていないことに気づかされたのです。

お金がなくなるということは、頭ではわかっていたつもりです。

今まで住んでいた広々としたマンションに住めなくなるとか、車を手放さなくてはならなくなるとか……真剣に取り組んでいたつもりではありましたが、副収入のつもりでいた整体の仕事を生活のためにしていかなくてはならなくなる。

堅実な生活をしている人なら当然知っているはずのことを、私はまったく知らなかったのです。


実家が倒産したあとは、ただがむしゃらに前に進むしかありませんでした。

整体院に勤めるかたわら、すでに個人でお客様の施術もしていたのですが、それこそ子どもたちの用事があるとき以外、ほとんどすべての時間を仕事に捧げていたと言っても過言ではありません。

次に訪れた試練は末期寸前のがん闘病でした

幸いなことに勤めていた整体院で経験を積むことができ、多くのお客様に恵まれました。数年たったころ、円満に退職して独立しました。

仕事は一貫して上り調子でした。

縁あって東京にもごひいきにしてくださるクライアントが増え、出張施術メインの生活をしていたこともありますが、やがて本拠地を構えたくなって新大阪の駅前に大きなスタジオを構え、インストラクターを何人も育てるようになります。

仕事量に比例するようにお金がついてきたので、かつて住んでいたような高級マンションに住む余裕もでき、週に何日もランチやディナーの約束が入る日が続きました。

こと仕事に関していえば、着実に拡大路線を歩んでいたのです。

クライアントやインストラクター志望の生徒さんたちが喜んでくれればそれでいいと

いう気持ちで、ひたすら仕事にまい進しました。

しかし「好事魔多《こうじ》し」というのは本当ですね。

2012年の秋ごろから、とても疲れやすくなってきたのです。元気だけがとりえで、前日の疲れなどどこへやら、毎朝、「さあ、今日はどんな1日になるだろう！」と、起きて活動を始めるのを楽しみにしていた私が、どういうわけか「いつまでもこうしてベッドに入っていたい」と思う日が続くようになりました。

ちょうど還暦の60（数え年61）歳を越えたということもあり、「年齢のこともあるし、たまった疲れが出る時期なのだろう」と思っていましたが、年が明けても一向に体調が優れません。

さすがに自分でもおかしいと思って病院で検査を受けたところ、「子宮頸がん」を発病していることがわかったのです。

しかも、がんのグレードは「ⅢC」。末期の一歩手前で、すでにがん細胞が骨盤内に散らばっており、手術は不可能な状態にまで進行していました。

「楽しく生き切ること」が私の使命かもしれません

どこまでも悪運が強いというべきでしょうか。投薬治療のかいあって、私は末期寸前のがんから生還することができました。

大きな試練ではありましたが、この経験は私にとって、その後の人生を決めるとても貴重なものだったと思います。

それまで私は人間関係や食生活、睡眠といった健康の維持に関係することに対して、最大限の努力をしてきたつもりでした。

でも大病をしてみて、その努力が本当は必要のない努力だったり、見当違いだったりということが多々あったことに気づかされたのです。

死の淵をさまよいつつも、再び生の世界に戻ってくることができた私は、「楽しく生き切ることが自分に課された使命なのではないか」と思うようになりました。

なにかトラブルが起こったとしても、「どうやったら楽しみながら乗り越えられるだろう」と考えるようにもなったのです。

もともと工夫するのが好きなこともあり、それまでの生活習慣を見直し、自分の心や体にいちばんフィットするように変えていくことにしました。それは、私にとって、とても楽しいことでもありました。

ご家族と同居している方にはちょっと申し訳ないのですが、その中にはひとり暮らしだからできたことが少なくありません。

いまは大阪市の郊外にある大規模な団地の一角で、1DKの賃貸住宅にひとり暮らしをしています。

自由気ままにいろんなチャレンジをして「あれ、失敗した」と思っても、影響が及ぶのは自分だけ。家族を巻き込んだり、迷惑をかけたりすることはありません。

ひとり暮らしだからこそ、堂々と失敗できるんです。失敗したら次にまたチャレンジすればいいだけですから、気楽なものです。

そんなトライアル&エラーの末にたどり着いたのが、等身大の71歳、ひとり暮らしの生活術です。

もちろんこれで完成ではありません。これからも私はどんどん生活に工夫をこらしながら変えていくつもりです。

だって、変化するのってすごく楽しいですから。

年をとるということは経験を重ねながら変わっていくということ。だから私は年齢を重ねることが少しも怖くありません。むしろ大歓迎なのです。

そんな私の生活の楽しみ方を、これからすべてお伝えしたいと思います。みなさんにも知っていただき、参考にしていただければ幸いです。

私が住んでいる1DK（ふた間）の団地です

いろんな家具をDIY（日曜大工）で手づくりして内装を充実させています

第1章　人間関係

我慢しない……
ワガママなくらいが
ちょうどいい

自分の思い込みが我慢を生むことがあります

人が抱える悩みの多くは、人間関係に関することだと聞いたことがあります。

私自身は、人間関係で我慢しているという自覚はまったくありませんでした。

自分には関わると厄介そうな人を見抜く力があると思っていましたし、そもそも他人に深入りするタイプでもないので、人間関係のトラブルといわれてもピンとこなかったというのが本音です。


でも、人って生きていれば、必ず誰かとの関わりが生まれますよね。

相手が全然面倒な人でなくても、自分の思い込みで「この人にはこうしてあげなきゃ」と決めつけてしまうことってよくあるのではないでしょうか。

「あっさり・さっぱり・クール」で通してきたつもりですが、意外に自分はそうでもなかったと気づかされたのが、61歳でがんを発病したときです。

病床でつくづくと思ったのです。どうしてあんなに元気だった私がこうなってしまったのだろうか、と。

母もがんで亡くなっているので、遺伝的にがんを発症しやすい体質を持っていたこともあるでしょう。

また、食べ物には十分に気をつけていたつもりですが、当時は仕事上のおつき合いも多く、週のうち半分くらいは外食をしていました。

医療の素人ながら、食べ物が自分の体に合わなかったというのも原因の一つだと思います。

人間関係が知らず知らずのうちにストレスに

抗がん剤の副作用でまんじりともしない中、食生活以上にがん発病の大きな引き金となったのが、ストレスをため続けてきたことではないかと思い当たりました。

そのストレスの原因となったのが人間関係だったと気づいたとき、自分自身の心にずっとウソをつき続けてきたことを悟ったのです。

当時、私はストレッチや筋トレを中心としたオリジナルボディーワークの教室を新大阪の駅前で開いていました。

70㎡ほどもある大きなスタジオで、長年通っていた生徒さんの中には、すでにインストラクターになれるくらい実力のある人たちが何人も出てきていました。

彼女らがレッスンに励んでいる姿を見ているうちに、私は「この人たちにもインストラクターとして活躍の場を与えてあげたい」と思うようになりました。

彼女たちも自分に十分な実力や指導力が身についてきていることを自覚しており、「私もいつか、先生のように健康に役立つようなレッスンができるようになりたいです」という声が上がってくるのは、ごく自然なことだったと思います。

「人の上に立つ」という柄にもないことをしてしまいました

ちょうどそのころ、「起業コンサルタント」を名乗る複数の人たちから、連絡が来るようになっていました。

「もっと教室の規模を拡大しましょう」「インストラクター制度を導入することで生徒さんのやる気が上がりますよ」「先生ご自身にもライセンス料が入ってきます」など、心をくすぐるような話を聞くうちに、「やってもいいかな」と思ってしまったのです。

そこで一定以上のスキルがあり、人間的にもほかの生徒さんから慕われている数人にインストラクターになってもらい、業務をまわすようにしました。

もちろんトップに立って指示を出したり、意見をとりまとめたりするのは私です。

ところが、そもそも一匹狼タイプで、自分の好きなようにしていたい私には、「組織のトップに立つ」とか「人をまとめる」というのは、まったく向かないことだと思い知らされるまで、さほど時間はかかりませんでした。

本来の私は一匹狼の気質なのに、勘違いして組織のトップとして人を束ねようとしたのが、無理の始まりだったのです。

今のように一斉に業務連絡のできるLINEのような便利なツールのない時代です。

「○○さんに××が伝わったと聞いたけれども、私は聞いていない」などといった事態も生じました。

インストラクターそれぞれに事情があり、要望があります。

トップに立つ器の人なら、小さな組織ですから、そのすべてに耳を傾けて、スタッフ全員にとってメリットがあるよう、公平に組織を運営していくことができるのでしょう。

しかし私には、それがどうしてもできませんでした。

本来、自己犠牲とは無縁の私ですが、このときばかりは「自分さえ我慢すれば、みんなが満足してくれるのだから」としか思えなくなっていたのです。

「どうしてこんなに向かないことを私は選んでしまったのだろう」と自分を呪ってもあとの祭りです。

新たなシステムは走り出してしまい、インストラクターになった人たちは嬉々《きき》としてレッスンに励んでいます。

どうしてそんな状況で、「私にはトップを務めるのは無理です」などと言えるでしょうか……。

手紙を書いてすべてを打ち明けて謝りました

がんで闘病していたとき、そんな自分の現状を省みて、病床でつくづく思いました。「私には荷が重すぎたのだ」と。

それが病気の直接の原因だとはゆめゆめ考えもしなかったのですが、がん発病の誘因の一つにストレスがあるのだとしたら、この「荷の重すぎる役割」は間違いなくストレスだったと思わざるを得ませんでした。

そこで入院中、少し体調が回復したころから、インストラクターとして活動していた人たち一人ひとりに向けて手紙を書きました。

かくかくしかじかで、申し訳ないけれども、みなさんに公平に利益となるように仕事を割り振り、組織として運営していくのは私には難しいと悟ったこと、病気を機に一度すべてゼロに戻させてほしいと、ありのままの気持ちを綴《つづ》ったところ、みんな理解してくれました。

思い切って打ち明けたことで、私にとって重すぎる荷を下ろすことができたのです。

意に沿わないことをやめる勇気も必要です

私はスタジオ運営というちょっと特殊なことをしていたわけですが、似たようなことはいろいろなところで起こっているのではないかと思います。

たとえば私の知人は、長年続けてきたお稽古《けいこ》ごとをやめたいけれども、先生に申し訳なくてやめられないといいます。

レッスンの内容が同じことの繰り返しで、進歩している感じがしないというのがやめたい理由。その話を聞いて、時間もお金ももったいないなあと思ってしまいました。

がんを経験して以来、切実に感じているのが「時間の大切さ」です。

私はまだまだ生きる気満々ですが、いつか必ず終わるときがきます。人生に「絶対」などということはないといわれますが、人間はいつか絶対に死ぬ生き物。いつか必ず死を迎えるのです。

限りのある時間だからこそ、すべての時間を有意義に使い切っていきたい。

だからこそ私は、必要のない我慢は、できるだけしないようにしています。

「ごめんなさい。やめさせてください」と言うのは、ちょっと勇気がいることですが、ほんの一瞬のことです。

我慢して自分の気持ちにウソをつくよりも、一瞬の勇気を選ぶことで気がかりが一つ減るのなら、そのほうがいいと思います。

ときには〝ウソも方便〟です

誘ってくれる人がすごくいい人なので、あまり気乗りはしないけれど、断りづらいということが、よくありますよね。

でも、考えてみてください。「あまり気乗りしない」ってすごく大きなポイントだと思いませんか？

心の奥底で、何かその人と合わない部分を感じ取っているのだと思います。

私は今、なんのしがらみもなく、自分の好きな人とだけおつき合いができるようになりましたが、子育て中はそうもいきませんでした。

子どもを通じてのおつき合いは、特殊なものがあります。母親である私のつき合いが悪いばかりに、子どもが仲間はずれにされるなど、寂しい思いをさせるのも忍びないですし……。

私がその時代によく使ったのは、「ごめんなさい、ちょっとその日は用事があって都合がつけられないの」という言葉でした。そう、架空の用事をでっちあげていたのです。

たとえウソだとしても、「あらー、本当に残念だわー！　その日はどうしてもダメで」と心から言うようにしました。

お誘いを受けたのに、それに応えられない（応えようと思えない）のは、残念なことだというのは事実ですから。

何回か繰り返すうちに「ソネさんは忙しい人」という印象を抱いてくれたようで、そのうち誘われることもなくなりました。

無理して親戚づき合いをしなくていいんです

父母が亡くなったのを機に、親戚づき合いもほとんどなくなりました。意識的になくしていったというほうが正しいかもしれません。

そもそも親戚というのは、偶然の関係だと私は思うんです。自分で意識的に選び取った関係とは違うからです。

もちろん気が合って一緒にいて楽しければ、どんどんおつき合いすればいいと思います。でも、そうではなくて、「一応、親戚だから最低限のつき合いはしておかないと」というぐらいの理由であれば、無理してつき合う必要はないんじゃないかと思うのです。

だって時間は有限で、しかもお金では絶対に買うことができない大切なもの。「あんまり楽しくないなあ」と思いながら一緒の時間を過ごすのは、自分の時間を粗末に扱うことになりますし、そもそも相手に対しても失礼ですよね。

これは友達についても言えることではないかと思います。人ってどんどん変わっていくものです。かつて親しくつき合っていたころの「あなたと私の関係」ではなくなっていることもあるでしょう。「昔、仲良しだったから、今もそれを継続しなくては」なんて考える必要はないのではないでしょうか。

昔よりも、「今」という時間をいちばん大切にしたいと思う私です。

本当に気の合う友達は数人いれば十分です

友達は多ければ多いほどいい、という風潮があります。

でも本当にそうなのでしょうか？

もちろん、人に嫌われるよりは好かれるほうがいいと思いますし、多くの人に好かれる人には、それだけの魅力があるとも思います。

でも、みんながみんな、そんな存在を目指すこともないんじゃないかな、とも思うのです。


私自身、友人の数はそう多くありません。

自分にとっての大切な友達と思えるのは、ほんの数人です。

その数人とも、まめに連絡をとり合うようなことはしていません。

絶えず電話やLINEで連絡を取り合っていないと友達じゃない、みたいな価値観もあるようですが、それって本当に友情で結ばれていると言えるのかなあ？　と天邪鬼《あまのじゃく》に考えてしまいます。

私は数少ない友人たちとまめに連絡を取り合ってはいませんが、「人生の一大事（離婚や実家の倒産、がん発病など）」には必ず連絡してきました。

自分のことを人に知ってほしいという願望は少ないほうですが、大切な友人たちには自分の人生の一大事を知っておいてほしいからです。

みんな忙しいのに、何をおいても駆けつけてきてくれるのが、本当にありがたく、それだけで勇気づけられます。

もちろん彼女たちの側からも、何かあると連絡が来ますし、私も同じようにすぐに駆けつけます。

無理はせず、心を尽くすようにしています

昨今、年末になると「年賀状じまい」が話題に上ることが多くなりました。年賀状じまいとは、年賀状のやりとりを終わりにすることです。

私は完全に年賀状じまいをしているわけではありませんが、昔に比べて数はずいぶん減らしました。

かつては400枚くらい出していたのを40枚くらいにしたのです。

今どきだと40枚でも十分多いと思われそうですね。でも年賀状でつながっていたいと思える人が40人はいるのです。

ちなみに、年賀状は宛名面も裏面もすべて手書きです。筆字が好きなので、手軽に使える筆ペンで字も絵も書いています。

うれしいことに「毎年、ソネさんからいただくアーティスティックな年賀状が楽しみ」と言ってくださる方がいらっしゃるので、無理のない範囲で続けていきたいと思っています。

年をとったら、おつき合いは万事「無理をしないこと」。これに尽きるのではないでしょうか。

時間にも資金にも限りがあります。

無理はせず、心を尽くす。その気持ちでこれからも風通しのいい楽しいおつき合いを続けていけたらと思っています。

第2章　食事

簡単にパパッとつくって
おいしく食べる……
しょうゆ麹、コンソメ麹、
ぬか漬け、発酵ドリンク

「がん以前」の食生活を見直しました

何ごとによらず工夫して、自分なりにアレンジするのが好きな私にとって、料理は〝レジャー〟のようなもの。自分の口に合うものをつくっておいしく食べたいという理由で、料理を億劫《おっくう》だと思ったことはありません。

どうせ食べるなら体にいいものをと、仕事が忙しい時期でもできる限り自炊し、食事の内容にも気をつけてきたつもりです。

ところが、なんということでしょう。きちんとした食生活をしてきたつもりが、実はめちゃくちゃだったことに気づいたのです。

そのきっかけは、がんの発病でした。

振り返ってみれば、できる限り自炊してきたというのはあくまでも「つもり」であって、実際には外食をしたり市販のものを食べたりすることのほうが多かったのです。

ディナーの予定が入ることもたびたびありましたし、お昼はスタジオのスタッフとの打ち合わせを兼ねて外でランチをするか、コンビニのお弁当やサンドイッチですませていました。

「食事には気をつけたほうがいい」という思いはなんとなくあったものの、「さほど厳密にしなくてもいいよね。こんなに元気なんだから」とどこかで高をくくっていたのでしょう。

自分の食生活が全然ダメだなんて思っていなかったですし、むちゃくちゃな食べ方をしているとは毛頭思ってはいなかったということ自体、今はとても怖く感じます。

「食事が体をつくる」の本当の意味がわかっていませんでした

ずっと健康な体づくりに関わる仕事をしていたので、食事が健康の基本ということはわかっていたつもりです。

自炊するとき、塩分を控えめにするようにしていたので、「私は塩分のとりすぎとは無縁」と思い込んでいました。

でも考えてみたら週のうち半分を外食やコンビニでランチをすませていたら、その時点でアウト。塩分の摂取過剰になってしまいます。

外食って本当に糖質と脂肪と塩分が多いですから。人間は塩分にうまみを感じる舌を持っていますし、揚げ物などの脂肪分の多い食事は見た目も豪華です。

つい食べたくなるようなメニュー構成になっているわけですが、代謝のいい若い人ならともかく、シニアの体には負担が大きいと感じます。

食べられない経験をして大切なことがわかりました

日々楽しく食事をしてきた私ですが、がんの発病とともに、以前のようにおいしく食べられなくなりました。

病気が進んだことに加えて、治療薬として使った抗がん剤の副作用があったからです。

抗がん剤というのは、最初のうちはさほど副作用が出なくても、あとからじわじわと来るんです。

初めのうちはけっこう強気で「こんなの平気！」と思っていたのですが、そのうち力なくベッドに横たわって、ようやく息だけをしているような状態になりました。

食べ物を見ただけで吐き気がするありさまです。

そのとき私はすでに両親を見送っていましたが、自分が体験してみて初めて、人間が命に関わる大病をするということは、「ここまで体が弱ることなのだ」と実感しました。ちゃんと食べられない私はどうなってしまうのだろう。このまま死んでしまうかもしれない。再びおいしく食べられる日は来るのだろうか。

そんな不安に苛《さいな》まれつつ、食べることは生き物にとって命をつなぐことであり、食べ物は日々を営んでいくための大切なエネルギー源なのだと初めて気づかされました。

当たり前に食べることができていたころには、考えもしなかったことでした。

人間関係
食事
睡眠
健康
メンタル
ファッション
インテリア
パソコン

「食べたい気持ち」に大きな希望を感じます

退院後、すぐには食欲が戻りませんでしたが、半年くらいたったころから、ようやく少しずつ「食べたい気持ち」が湧いてきました。

そのときのうれしさは、今でも忘れられません。私にとって、食べたい気持ちがあるということは、生きることへの意欲そのものに感じられたからです。

「いよいよ私は、もとの活力ある自分に戻れるのかもしれない」と思うと、自然と涙がにじんできました。

あとにも先にも、あれほど自分の人生の行く末に希望を感じたことはないかもしれません。

今となっては、弱り切って食べられなくなる経験をしたこと、そこからの回復を食欲の復活という形で体感できたことは、とてもありがたいことだったと思っています。食欲が回復してなんでも食べられるようになってからは、一食一食がとても大切で愛《いと》おしく、決しておろそかにしてはいけないものになりました。

私にとっては「1日2食」がベストです

病が癒《い》えて食欲が出てきたころから、私は体が喜ぶ食事のとり方についての情報をたくさん集め、いろいろ試してみるようになりました。

最初に試したのが、食事の回数を減らすことです。

幼いころは父の意向で、朝食の時刻は7時半と決められていましたし、昼食抜きなんてもってのほか。

1日3食を規則正しく食べるのが当たり前と教えられてきて、そのことになんの疑問も抱いていませんでした。

ところが、試しに規則正しく3回食べるというのをやめてみたら、体が軽くて、お通じもスムーズになり、深くて質のいい睡眠がとれるようになったのです。

私は自分のことをなんでも自分流にアレンジするのが得意な人間だと思ってきました。ところが体をつくるもとになる「食」に関しては、意外と世の中の常識とされているものを疑いもせずよしとしていたのです。

自分のことは、わかっているようで意外とわかっていないものだと素直に感じました。

まるでお題目のように生徒さんたちに「自分の体の声を聞くようにしましょう」とか「自分の体が喜ぶことをしましょうね」などとお伝えしていましたが、私自身、何もわかっていなかったんだなと反省しきりでした。

ほかにも「単なる思い込みだった」ということがありました。

私はお酒をさほど好まないのですが、たばこは好きで吸っていたのです。

本数はそれほど多くなく1日5本程度だったのですが、食後の一服がとてもおいしく感じられ、何があってもこれだけはやめられないだろうと思っていました。

ところががんで入院することになり、私の楽しい喫煙生活はいや応なしに中断されることになったのです。

「食後の一服ができない生活に耐えられるのだろうか？」と不安だったのですが、いざやってみたら全然平気でした。

というか、抗がん剤の治療が始まって少したってからは、副作用で食欲がまったく湧かず、食事も満足にとれない状態になったので、たばこを吸うどころの騒ぎではなくなったというのが本当のところです。

こうして無理をすることなくたばこを卒業できたわけですが、今になって「たばこを切らさずに買っておかなければいけない」という呪縛から逃れられたのは、本当によかったなあと思います。

結局、私はたばこに洗脳されていたのかなという気もします。「これがないと生きていけない」というのは思い込みで、実際はそうでもないことが多いのかもしれない。そう自分を客観視する力がついたようにも思います。

「デトックス」を重視した食生活をしています

1日2回という食事の回数とともに、食事の内容も見直しました。その基準となったのが、「腸内環境を整えること」。

きっかけは闘病中に読んだ本に、「腸の内側の状態が、そのまま体の状態となって肌に表れる」と書かれていたことでした。

その本によれば、人間の体には「口」という入り口と「肛門」という出口がある。極論をすれば〝1本のちくわ〟のようなものだというのです。

ちくわをひっくり返すと内側が外側に出てきますよね。新鮮なちくわであれば、ひっくり返された部分はつるりときれいです。

腸の状態が体の健康度合いを表します

では、人間の場合はどうでしょうか？　現実的ではありませんが、仮に腸の一部を切りとって、ひっくり返してみたとしましょう。

そうやってひっくり返されたあなたの腸の内側は、果たしてきれいな状態になっているでしょうか？

あちらこちらに消化吸収しきれない老廃物が付着したり、余計なコブができたりしていないでしょうか。

人の体はひとつながりになっていますから、もしもひっくり返した腸壁がツルツルときれいであれば肌もきれいだろうし、デコボコで美しくなければ、おのずと肌も似たような状態になっているだろう、とその本には書かれていました。

腸には小腸と大腸があり、それぞれ役割が異なっています。小腸は胃で消化された飲食物を吸収する働きを、大腸はそこで吸収されなかった老廃物から水分を吸収し、便をつくる働きを担います。

また腸は「第2の脳」ともいわれます。

極度に緊張すると腸が過敏に反応し、「過敏性腸症候群」と呼ばれる病気になり、便秘になったり下痢状の便が1日に何回・何十回と出たりするそうです。

つまり、体に必要十分な栄養を小腸で吸収し、不要なものを大腸で便にするデトックス効果がうまく働いていれば、心身ともに健康でいられるというわけです。

腸には100兆個ともいわれる腸内細菌がすみついています。その腸内細菌には、次の3種類があるそうです。

- 善玉菌　免疫を活性化させて体によい働きをする
- 悪玉菌　腸内のものを腐敗させ、有害物質をつくりだすなど体に悪影響を及ぼすものの、動物性たんぱく質などを分解し、排泄処理する働きもある
- 日和見菌　善玉菌でも悪玉菌でもなく、優勢になった側に加勢する

そして、この3種類が「善玉菌：悪玉菌：日和見菌＝2：1：7」のバランスを保つ

ことで理想の腸内環境になるそうなのです。

この腸内環境のバランスを整えるのに効果的な食べ物が、「発酵食品」だといいます。

そこで私は早速、発酵食品をとり入れた食生活を目指すことにしました。

折しも「塩麹《こうじ》」など、麹菌を使った調味料類を手づくりすることに注目が集まるようになった時期です。これがその後の私の〝発酵食生活〟を後押しすることになりました。

「麹菌」を使った手づくり調味料を常備しています

私が常時つくり置きしているのは、しょうゆと米麹でつくる「しょうゆ麹」と、野菜と米麹でつくる「コンソメ麹」の2種類です。

しょうゆ麹の容器には、雑菌が入らないように熱湯をかけてから乾燥させておいたガラス瓶を使っています。

つくり方はとても簡単で、ガラス瓶半分くらいまで粒状の乾燥米麹を入れ、そこにしょうゆをひたひたになるくらいまで注ぎます。これを冷蔵庫で2～3日寝かせればできあがりです（次ページ参照）。

野菜のおひたしや煮物の味つけなど、何にでも使うことができますが、私のイチ押しの食べ方は豆腐にかけることです。しょうゆよりも味がまろやかになって、数段おいしくなること間違いなし！　ぜひ試してみてください。

一方、コンソメ麹は、タマネギやニンジン、セロリなどの野菜と塩、それに米麹でつくります。フードプロセッサーやヨーグルトメーカーがあると簡単につくれます（80ページ参照）。

とても簡単につくれて食材の味が引き立つ「しょうゆ麹」のつくり方

ガラス容器を煮沸消毒するかアルコール消毒しておきます

1

ガラス瓶半分くらいまで
粒状の乾燥米麹を
入れます

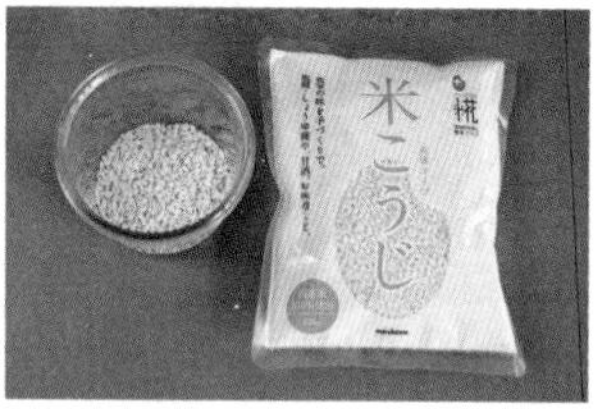

2

しょうゆをひたひたに
なるくらいまで注ぎます

3

冷蔵庫で2～3日寝かせれば完成です（冷蔵庫に入れておけば1カ月くらいは日持ちします）

4

豆腐にかけて食べるのが
オススメ！

コンソメ麹のつくり方

材料
乾燥米麹…100g
塩…35g
タマネギ（半分）…約 180g
ニンジン（1 本）…約 80g
セロリ（1 本）…約 80g

事前準備
ヨーグルトメーカーがあれば、容器を煮沸消毒またはアルコール消毒しておきます。保存用のガラス容器も煮沸消毒するかアルコール消毒しておきます

つくり方

1 ボウルに乾燥麹と塩を入れ、よくまぜ合わせます

2 タマネギ、ニンジン、セロリをすべてフードプロセッサーにかけます
（フードプロセッサーがなければ包丁でみじん切りにします）

3 2を1のボウルに入れてよくまぜ合わせます

4 ヨーグルトメーカーがある場合は容器に3を入れて60℃で8時間おきます
ヨーグルトメーカーがない場合は、保存用のガラス容器に3を入れ、蓋とガラス容器の間にキッチンペーパーを挟んで、夏場は1～2日、冬場は3～4日前後室温に置きます。できるまでの1～4日は1日1回、熱湯かアルコールで消毒した清潔なスプーンでかきまぜます

5 室温でつくる場合、野菜の香りが立ち、麹が指でつぶせるくらいやわらかくなったらできあがりです

＊いずれのつくり方の場合も、完成後の日持ちの目安は冷蔵保存でおよそ2か月です。

できあがったコンソメ麹は、冷蔵庫で保存します。

市販のコンソメキューブと同じようなうまみがありつつ、市販品に感じるような人工的なにおいや味がしなくて、とても気に入っています。

スープに使う場合は、水0.5ℓに対してコンソメ麹大さじ1杯の割合で入れています。すでにコンソメ麹に塩分が含まれているので、追加で塩を入れなくてもいいです。

「味つけはシンプルに」がモットーです

今、たくさんの調味料が市販されていますが、私が使うのは塩、しょうゆ、砂糖、酢など、基本的なものだけです。

市販の調味料のラベルに原材料としていろいろな成分が書かれていますが、中にはよくわからないものもありますよね。それに抵抗があるのと、できるだけ素材の味を活かして食べたいのとで、味つけはなるべくシンプルにするようにしています。

先ほど紹介した2種類の手づくり発酵調味料のほか、味つけのアクセントには「酢」をよく使います。

もともと酸味が好きなのですが、酢を使うことで塩分のとりすぎを防ぐことができると知ってから、ますます愛用するようになりました。

「ぬか漬け」は欠かしません

発酵食品といえば、ぬか漬けは欠かせません。

私の〝ぬか漬け歴〟は長いんです。本を参考にして、最初から自分でぬか床をつくりました。

ぬか床の容器は縦30㎝、横20㎝、深さが25㎝くらいあります。このぬか床に毎日、冷蔵庫の残り野菜などを入れて、絶やさずぬか漬けをつくっては、朝晩の食事のときに食べています。

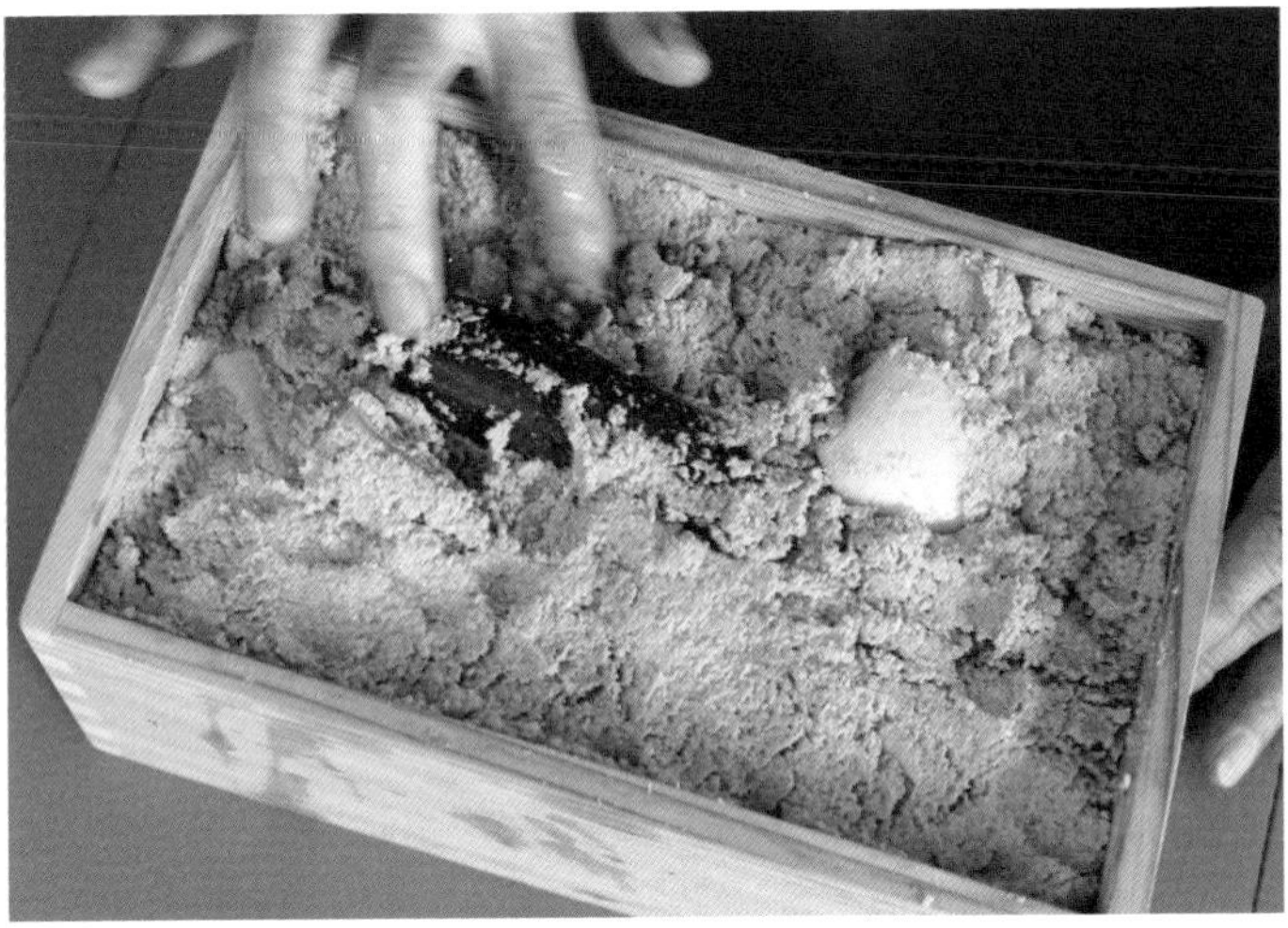

10 年モノの手づくりぬか床は私の宝物です

しょうゆよりもオリーブオイルをかけて食べることが多いので、私にとってぬか漬けは、もはやサラダのような感覚ですね。

生で漬けるのはセロリやキャベツ、ダイコン、ナス、ニンジン、キュウリ、アボカドなど。

山芋の皮をむき、ちょっと塩をまぶして入れたり、オクラを湯がいて入れたりすることもあります。

かわったところでは、チーズやこんにゃくのぬか漬けでしょうか。

どちらもおよそぬか漬けとは縁のなさそうな食材でしょう?

ところがやってみるとおいしいんです。ちなみにチーズはそのまま入れても大丈夫ですが、こんにゃくは一度湯がいたものを短冊に切って漬けるようにしています。

手に入れやすい食材で楽しく調理しています

私は産地や無農薬、それに菜食主義やローフード（加熱処理がされていない生の野菜や果物、ナッツ類）などにこだわりは持っていません。

自分の体に合うのであれば、何をするのも自由だと思っているので、人様がどういう価値観を持ってどんな食生活をしていても、まったく異論はないのですが、私自身にはそこまでのこだわりはないのです。

近所のスーパーで手に入る食材で、おいしく調理できれば十分だと思っています。

もしこだわりがあるとすれば、できるだけ自炊すること、野菜や果物はそのときの旬のものをいただくようにすることです。

自分の体の状態をよく観察しながら、その都度食べ方や食べるものを変えていくようにすることなどでしょうか。

たとえば昨日、どんなものを食べたか、睡眠はどうだったか、どれくらい体を動かしたか、といったことに応じて、自分のお腹の具合と相談しながら、食事の量などを調節しています。

外食の予定があるときは、前後の食事で調整します

さて、極力自炊をするようにしている私ですが、だからといって「外食は敵！　絶対にしない！」と決めているわけではありません。

親しい人やこれから親しくなれそうな人と、テーブルを囲んでおいしいものをいただく時間は至福の時です。

それを「外食はしない主義なので」と頭から否定するのって、もったいない気がするのです。

普段、きちんとした食事管理ができていれば、たまには例外的に外食をしてもOKというマイルールにしています。

外食した分を加味して、当日とその翌日の2日間でプラスマイナス0《ゼロ》にできればいいという考え方です。

たとえば夜に外食の誘いを受けた場合、朝はいつも通りに食べます。普段からお昼は食べないので、そのままディナーに直行、ということになります。

おいしい食事とおしゃべりで楽しい時間を過ごして帰宅。いつものルーティンをすませて眠りに就きます。

ちょっと違うのは、次の日の朝です。

いつもならお腹ペコペコで目覚めるのですが、前日、普段よりも量が多く、質的にも重めの食事をしたことを、体が教えてくれるのです。

人間関係
食事
睡眠
健康
メンタル
ファッション
インテリア
パソコン

お腹にまだ何かが残っている感じがあるのですね。

ちょっと尾籠《びろう》な話になってしまいますが、私は日ごろ、驚くほどお通じがスムーズなんです。朝目が覚めたら1回目、朝食後に2回目、という感じでお通じがあります。

でも前日の夜に外食をした日の朝は、なかなかお通じがありません。

それをまずは体外に排出するというのが、外食の翌日の第1目標になります。とにかく前の晩に食べたものを外に出すまでは、極力、食べないようにします。

体を動かせるくらいの最低限のエネルギーだけを入れて、前夜のものが消化されて外に出るまで待つというわけです。

また、ランチに誘われることもありますが、そんなときは朝食を抜きます。

ランチをしっかり食べて、夜はこれまたごく軽いものをとるだけに留めるようにしています。いずれにせよ「食べすぎは禁物」というのが私の基本の考え方です。

ベスト体重を維持できれば、いつも快調でいられます

私が食べすぎないように気をつけているのには、理由があります。常に体重を一定に保つことでベストな体調でいることができるからです。

私はストレッチや筋トレに関する仕事をしていることもあり、自分の体の変化に敏感なほうです。

日ごろ、厳しい体重管理をしているフィギュアスケートの選手が、「体重が100g増えただけで、ジャンプのときに体が重く感じる」と言うのを聞いたことがありますが、レベルこそ違えどそれと似た感覚だと思います。

100gとは言わないまでも、ちょっと食べる量が増えると体重が300gくらい増え、そうなると体がなんとなく重く感じ、そのうちお腹のまわりにドーナツ状に贅肉《ぜいにく》が

のってくるのが感じられます。

それってつまり「私のベスト体重ではない」ということなのだと思うのです。

とはいえ、自分にとってベストな体重というのは意外とわからないものですよね。20代とか30代のスレンダーだった過去の自分を振り返れば、「そりゃ欲をいえば45kg、少なくとも47kgまで落としたい」なんて思うのが女ごころというものです。

実は私にも、そんな惑いの時期がありました。

そこでいろいろな食べ方をして意識的に体重を増減させ、自分にいちばん合っていると感じた体重を「ベスト体重」に決めることにしたのです。

結論から言うと、どんなに頑張っても、30代のころの体重には戻りませんでした。少し残念な気持ちもしましたが、意外と「これも自然の摂理なんだな」と受け入れることができました。

かつての自分を理想として掲げるよりも、「今の私」の心地よさを優先することのほうが大事だなと思ったのです。

結果として、身長158㎝の私の現在のベスト体重は49・5㎏ということがわかりました。71歳という年齢からすると、体重的には軽い方かもしれません。

さすがに50代まで60㎝だったウエストは、ここ数年で65～68㎝とサイズが大きくなりました。

でも、そのことはあまり気にしていません。自然の成り行きなのですから。

そもそも洋服の規格自体が大きくなっていると思いませんか？

私が女子大生だった昭和40年代、いわゆるMサイズ（9号）のスカートやパンツの規格はウエストが60㎝でした。

それが昭和の終わりごろには63㎝になり、今では67～70㎝くらいになっています。

そこで私は、自分に都合のいいように解釈します。「私の体、時代に合わせて変化してる」って。そうやって楽しく考えるようにしたほうがいいと思うんです。

人間関係
食事
睡眠
健康
メンタル
ファッション
インテリア
パソコン

朝の主食は手づくりグラノーラです

さて、ここからは実際に私の日々の食べ方や食べているものについて、つくり方なども含めて具体的にお話ししていきましょう。

寝起きには必ず白湯《さゆ》（水を一度沸騰させたお湯）を飲むようにしています。体温よりちょっと高めの、飲むと胃がぽかぽか感じるくらいの温度の白湯で、分量はコーヒーカップ1杯分。150～180㎖程度です。これでお腹を温めて、1日が始まります。

朝食の定番は、次の3品です。

● 自家製豆乳ヨーグルトをかけた手づくりグラノーラ（酵素ドリンク添え）
● スムージー
● ゆで卵

パンが大好きなので、以前は朝食によく食べていました。

ところががんになったあと、食生活を見直したとき、パンを毎日食べ続けると胃もたれすることに気づきました。

おそらく小麦粉に含まれる「グルテン」があまり体に合わないのだと思います。

そこで、朝食の主食としてグルテンが入っていない「オートミール（オーツ麦）」をとる

ことを思いつきました。

とはいえ、お粥状《かゆ》のオートミールはあまり好まないので、大好きなナッツやドライフルーツの入った「グラノーラ」にして食べることにしたのです。

手づくりグラノーラは10日分まとめてつくっています

グラノーラってお店で買うと高いですよね。そのうえ、量もちょっぴりしか入っていません。

私は朝食で小さめのカフェオレボウルに1杯くらい食べたいので、10日に1回、まとめて手づくりしています。

そうするとナッツやドライフルーツを好きなだけ入れられますし、けっこうな量をつくることができるからです。

つくり方はとても簡単です（96ページ参照）。オートミール（グルテンフリーのオーツ麦）適量に好みのナッツやドライフルーツを適量、隠し味のクコの実と液体のコーヒーをそれぞれ少々まぜます。

そこにハチミツやメープルシロップなどで甘みを加えて、オーブンシートを敷いたオーブン皿にのせ、全体を均等な厚さになるようにならし、オリーブオイルをかけて焼きます。

オーブンの温度は170℃に設定し、焼き時間は20分。私はちょっと焼き色がついたところで一度オーブンを開け、表裏左右が入れ替わるようにかきまぜて、再び同じ厚さになるようにならし、ひと手間かけています。

手づくりグラノーラのつくり方

1

大きめのボウルにオートミールとお好みのナッツやドライフルーツ、隠し味のクコの実と液体のコーヒーを少々入れてまぜます

2

さらにオリーブオイル、ハチミツやメープルシロップなどで甘みを少々加えてオーブン皿にのせ、全体を均等な厚さになるようにならします

3

オーブンを 170℃に設定し、20 分加熱します

4

できあがったグラノーラに豆乳ヨーグルトをかけて食べるのがオススメです！

できたての手づくりグラノーラはとてもおいしくて、それだけでポリポリといくらでも食べたくなりますが、そこは我慢（笑！）。

粗熱が取れたら保存容器に入れてできあがりです。

これに豆乳ヨーグルトをかけていただくのがオススメです。

私は発酵食品が大好きで、積極的にとりたいと思っているのですが、乳製品をとるとお腹がゴロゴロするのでヨーグルトを食べられずにいました。

日本人には牛乳を飲むとお腹がゆるくなる「乳糖不耐症」の人が多いのですが、私もきっとそうなのでしょう。

ところがあるとき、豆乳からつくる「豆乳ヨーグルト」というものがあるのを知ってつくり始めました。

7年間つぎ足している「豆乳ヨーグルト」を愛食しています

豆乳ヨーグルトについては、ある健康雑誌の記事で知りました。
乳製品があまり体に合わない私にぴったり！　と早速、レシピを参考につくってみたところ、とてもおいしくて大感激！

それ以来、7年ほど欠かすことなくつくり続けています。
なんとヨーグルトの種菌がずっと元気に生き続けているのです。

豆乳ヨーグルトのつくり方

材料
玄米…1/10 カップ
無調整豆乳（初回の種菌用）
…玄米がひたる分量
（ヨーグルト用）…400㎖

事前準備
容器（ガラスびんなど）を煮沸消毒しておきます

つくり方

1 容器に玄米を洗わずに入れ、ひたるくらいの豆乳をかけます。ふたはせず、キッチンペーパーを上にかけて室温に置きます

2 夏なら 1 日、冬でも 2 日くらいでプクプクしてきます。それが発酵してきた証拠。これが種菌になります

3 種菌に豆乳 400㎖を注ぎ入れ、夏なら 2 ～ 3 時間、冬なら 8 時間くらい室温に置きます。少し固まったらヨーグルトのできあがり。冷蔵庫で保存します

4 残りが 100㎖くらいになったら豆乳 400㎖を加え、3 と同じ手順で豆乳ヨーグルトをつくります

豆乳ヨーグルトが残り100㎖くらいになったら、無調整豆乳400㎖(200㎖パック二つ分)を加えて室温に置き、発酵させます

豆乳ヨーグルトが残り100㎖くらいになったら、無調整豆乳400㎖(200㎖パック二つ分)を加えて、室温に置きます。

発酵までの時間は夏場で2~3時間、冬場だと8時間くらいです。

できあがった豆乳ヨーグルトは冷蔵庫で保存します。

1日100㎖くらいを朝食に食べますが、それ以外にも、すりゴマと混ぜてゴマだれにしたり、塩とオリーブオイルを加えてドレッシングにしたり、おひたしを食べるときにしょうゆにプラスしたりしています。

豆乳ヨーグルトにはジャムや手づくり酵素ドリンクで甘みをつけます

豆乳ヨーグルトに甘みをつけたいときは、そのときの気分で手づくりの酵素ドリンクやイチゴジャムなどを加えます。

酵素ドリンクというのは、果物を切って白砂糖を加え、3か月間漬け込んでつくるもので、甘みが欲しいときにとても役に立ちます（次ページ参照）。

白砂糖でなくても、砂糖であれば気にせず、私は使っています。ポイントは果物と同量の砂糖をまぜることです。

それに隠し味的に市販の「酵素水」を50㎖入れます。酵素水は入れなくてもいいですが、私は入れています。

酵素ドリンクのつくり方

材料
梅、キンカン、パイナップル、リンゴ、ブドウ（種なし）、バナナなどそのときどきで手に入る果実（写真はブドウ）…500g（1種類のみを使う）
白砂糖…500g
酵素水…50mℓ

準備するもの
1ℓくらいの容量のガラス容器を煮沸消毒するかアルコール消毒しておきます

つくり方

1 梅やキンカン、ブドウを使う場合はそのまま、パイナップルやリンゴ、バナナの場合は皮をむき、適当な大きさに切ります

2 1の果物を同量の砂糖とともにガラス容器に入れて、酵素水を入れ、ガラス容器を振ってざっくりまぜます（手をすべらせて容器を落とさないように気をつけてください）

3 1日1回ガラス容器を軽く振ってかきまぜながら、3か月室温に置いてできあがりです（ガラス容器を軽くふるのは二の腕の筋トレ代わりになります！）

酵素とは化学反応を促進する働きを持つ物質で、私たちの体の中で起こっている消化や吸収、代謝といった働きを調整する役割を持っているそうです。

私は、この手づくり酵素ドリンクをヨーグルトにかける以外にも、スムージーに加えたり、のどが渇いたときに飲料代わりに2〜3倍に薄めて飲んだりしています。

酵素ドリンクをとるようになってから、お腹の調子がとてもよくなりました。

スムージーには旬の果物を入れます

スムージーに必ず入れるのはバナナです。それに季節の果物や小松菜、ブロッコリースプラウトなどの野菜と、先ほど紹介した酵素ドリンクを入れてミキサーにかけます。

季節の果物として使うのは、春ならイチゴ、初夏なら桃、秋と冬にはブドウやリンゴ、清見《きよみ》オレンジなどを入れることもあります。

300mlのスムージーができるひとり用の小型ミキサーを使っているので、簡単につくることができて、コップに移し替えることなく、そのまま飲むことができます。洗うのも楽という手間いらずのミキサーです。

ゆで卵は半熟が好みです

朝食には、ゆで卵を欠かしません。

食事を1日2食にすると、たんぱく質が不足しがちになります。そこを朝食のゆで卵で補おうという戦略です。

いつもは1個食べますが、前日のたんぱく質摂取量が足りなかったかな、と思ったときは2個食べることもあります。

固ゆで卵は、黄身がパサついて食べにくいので半熟にして食べています。

小鍋に水を入れ、沸騰したらお尻に針で小さな穴をあけた卵を入れて、鍋に蓋をします。弱火にして3分加熱したら、蓋をしたまま火からおろします。

そして4分ほどたったら水で冷やして皮をむくと、黄身がほどよくトロリとしたみごとな半熟卵のできあがりです。

小皿にほんの少しの岩塩と酢をのせて、それにつけて食べるとおいしいです。

週2日だけ、パンを食べることを自分に許しています

グルテンの影響か、毎日パンを食べていると腸の働きが悪くなることに気づいてから、本当なら毎日でも食べたいパンを我慢するようになりました。

とはいえ、ストイックになりすぎて、大好きなものをまったく食べないというのも悲しいですよね。

楽しく生きるために、食事は大切な要素ですからね。

それに体質に合わないといっても、毎日たくさん食べなければ、それほど大きな影響は出ないでしょう。

というわけで、週2回だけ朝食でパンを食べることを自分に許すようにしています。これくらいの頻度であれば、実際に腸の働きが悪くなることもありません。

近所のお気に入りのベーカリーでパンを選ぶときの幸福感ときたら、何ものにも代えがたいものがあります。

きっと「週2回だけ」という制限が喜びを倍増させてくれているのでしょうね。

パンはそのときの気分で選びますが、好きなのはフォカッチャやハード系のパンなど、粉のうまみを味わえるパンです。

グルテンは体に合わないけれど、粉のうまみを味わうのは大好きなのです。

お腹がペコペコで起きたところで、おいしい朝ごはんが入ってくるのですから、体が喜ばないわけがありません。

私はささいなことで幸せな気分になれるおめでたい性格なので、朝ごはんを食べるたびに「ああ、今日もこうしておいしく食べられてなんて幸せなんでしょう」と思います。

量はそこそこ多いのですが、胃の負担にならない食材ばかりなので、お腹が重くなることもありません。

体にギアが入って、「さあ、今日も頑張ろう！」と思える、そんな朝ごはんです。

帰宅して15分後には夕食の準備が完了します

朝食後、夕食までの間に何かを食べることは、ほとんどありません。

およそ10時間、何も食べずに水分補給をするだけになります。

水分の量は特に決めていません。体が水分を欲しがったときに、欲しがっているなと感じたものを飲むようにしています。


すると、夕方になれば、お腹はペコペコになります。

だから自宅に帰ってきたら、一刻も早く夕食を食べたくてたまりません。30分なんてとても待てないので、帰ってきて15分後には準備を終えて、ごはんを食べる態勢に入ります。


そのために下準備をしておくのです。

野菜が大好き、ダイコンも白菜もすべて使いきります

私は野菜が大好きです。食べると体調がいいこともあり、夕食にはたっぷりの野菜を欠かしません。

とはいえ、生野菜のサラダならともかく、根菜類などは火が通るまでに時間がかかりますよね。

通常の調理法なら、とてもではありませんが「帰宅してから15分で食べ始める」というわけにはいきません。

ところが、私がいつもやっている調理法なら、それができるんです！

私ならではの調理法がいちばん活かされているのが、ダイコンの下ごしらえ。ダイコンっておいしいうえに、家計にも優しく、いろんな料理に使える、三拍子そろった野菜ですよね。

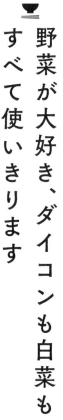

ひとり暮らしなので、丸ごと1本買うとしばらく食べられるということもあり、冷蔵庫のストックには欠かせません。

でも、中には「調理に時間がかかりすぎる」とか「丸ごと1本のダイコンは量が多すぎて持て余してしまう」という方もいらっしゃるようです。

そんな方に、私のダイコン活用法をぜひ試していただきたいと思います。

ソネ流ダイコン調理法① 甘い上部分はダイコンおろしでいただきます

ダイコン1本を買ってきたら、まず3等分してしまいます。

頭のほうは甘いので、ダイコンおろしにして生のまま食べます。

「そんなにたくさんダイコンおろしを食べられないわ」という方は、薄い銀杏《いちょう》切りや千切りにして、ダイコンサラダにしてみてはいかがでしょうか。

私もたまにそのようにしています。

ダイコンの皮をむいて約2cm角のさいの目切りにして、ジッパーつきの密閉できる袋に入れるか、ラップで包むかして冷凍してしまいます

ソネ流ダイコン調理法②
真ん中部分は切って冷凍しておけば、火が通りやすくなります

ダイコンの真ん中の部分は、煮たり炒め煮にしたりするのに使うのですが、ここで必殺技の登場です。

ダイコンの皮をむいて約2㎝角のさいの目切りにして、ジッパーつきの密閉できる袋に入れるか、ラップで包むかして冷凍してしまうのです。

「生のダイコンを冷凍⁉」と思われるかもしれませんが、これ、絶対にオススメです！

冷凍することで、ダイコンの繊維がこ

われるのでしょう。火が通りやすくなって10分くらいでやわらかくなりますから、〝時短調理〟になるんです。

いつも冷凍庫にダイコンが入っているという安心感が得られるのもいいですね。豚肉と炒め煮にしたり、厚揚げと一緒に煮たりすれば、短時間で立派な1品ができてしまいます。

ソネ流ダイコン調理法③　下部分はぬか漬けや即席漬けにします

ダイコンの先のほうは漬物に使います。私はぬか床を持っているので（84ページ参照）、ぬか漬けにすることが多いですが、塩でもんで輪切りの唐辛子少々と一緒にポリ袋に入れておけば、簡単に即席漬けができます。

白菜1玉も自分ひとりで食べ尽くします

ダイコン1本と同様、白菜も丸ごと1玉を持て余すことはありません。縦に真っ二つに切って、一方は漬物にします。昆布を入れたり、つぶしたニンニクを入れたりして、塩漬けにし、パンチのきいた味を楽しみます。

真っ二つに切ったもう半分はサラダにします

残り半分はそのときの気分でいろいろに使っています。いちばんシンプルなのが、サラダにして食べる方法です。みなさん、サラダにはレタスを使いますよね？　私の場合、そのレタスを白菜に置き換えて食べることが多いです。

白菜の葉の部分はざく切り、芯の部分は薄くスライスして、オリーブオイルと酢、塩、胡椒《こしょう》だけで味つけするシンプルなサラダです。

カブが出まわっている季節であれば、皮をむいてスライスしたカブも加えます。

白菜とは違った歯ごたえを楽しむことができて、とてもおいしくなります。

私はすごく〝野菜食い〟なので、上の写真にある25㎝くらいのボウルいっぱいの白菜サラダをペロリと食べてしまいます。

このボウルいっぱいの白菜サラダをペロリと食べてしまいます

豚肉などと炒め煮にすることもあります

ざく切りにした白菜と豚肉に、ショウガの千切りをたっぷり加えて炒め煮にすることも多いです。

味つけは塩、胡椒だけのこともありますし、自家製のコンソメ麹（78ページ参照）を加えることもあります。

人間関係 食事 睡眠 健康 メンタル ファッション インテリア パソコン

メインのたんぱく源は鶏胸肉と豚肉です

年齢を重ねても筋肉をしっかりつけておきたいと考えている私は、たんぱく質を意識的にとるようにしています。

筋肉というと太ももや腕、お尻などを連想する人が多いと思いますが、実は心臓や食道、胃腸などの内臓も全部筋肉でできているんです。

それに髪の毛や爪、肌にいいとされる「コラーゲン」だって、たんぱく質からできています。

年をとるにしたがって、のどの筋肉が衰えると、飲み込みがうまくできない嚥下障害《えんげ》が起きて、「誤嚥《ごえん》性肺炎」の原因になったりします。

丈夫な足腰を保つためだけでなく、おいしく食べるためにも筋肉をいい状態にしておくことが必要なんですね。そのために必要なのがたんぱく質というわけです。

私の場合は、おもに鶏胸肉や豚肉を食べるようにしています。牛肉はおいしいと思うのですが、牛脂が体に合わないようで重く感じてしまうので、めったにいただきません。

鶏胸肉は塩麹漬けをゆでてジューシーにします

鶏胸肉はたんぱく質が豊富なうえに低カロリーで、健康と美容にいい。値段ももも肉に比べればずっと安く、三拍子そろった秀逸な食材です。

ただし、脂肪が少ない分、調理法によってはパサつきやすく、うまみに欠けるという弱点があります。

ところがここ数年、その弱点を補ってくれる調理法が登場しました。塩麹に漬け込んで鶏ハムにすると、しっとりおいしくなると聞き、私も早速とり入れたのです。

鶏胸肉1枚に味がしみ込みやすいように1・5㎝間隔くらいで切れ目を入れ、塩麹大さじ1杯くらいを手でよくもみ込みます。

これをラップでキャンディーのように包み込み、両端を糸で結んで、冷蔵庫で一晩寝かせます。

翌朝、沸騰させたお湯の中にラップごと入れて、30分くらい余熱でゆでればできあがりです。ラップの中のたっぷりのコラーゲンに包まれた、しっとり鶏ハムを見るにつけ、「胸肉がパサパサなんて絶対にウソ！」と思います。

豚肉は薄切り肉を常備しています

豚肉はしゃぶしゃぶ用にスライスされたものを500gくらい買ってきて、小分けにして冷凍しています。

食べ方は、ダイコンとの炒め煮、白菜とのお鍋、バラ肉のしゃぶしゃぶをポン酢で、お酒を入れた鍋にほうれん草と合わせて入れて、毎晩食べても飽きないとの意味が込められた「常夜鍋」にしたりといろいろです。

鍋いっぱいの「重ね煮」をつくって1週間食べまわすことも

休日には、野菜を鍋に入れて、ほんのわずか50㎖程度の水を入れて煮る「重ね煮」をつくることもよくあります。

重ね煮とはその名の通り、野菜をどんどん重ねて煮るもので、夏だったらトマト、ピーマン、ナスなどの夏野菜を山ほど、冬場だったら下にキノコ類を敷いて、その上にレンコン、ゴボウ、ニンジンなどの根菜を重ねて火にかけます。

次ページの写真は底にえのき、しめじ、しいたけを敷いて、その上にさつまいも、タマネギ、レンコン、ゴボウの順にのせました。

直径25㎝くらいの陶器や鋳物など重めの鍋に野菜をぎゅうぎゅうに詰めて水を加え、蓋をして最初は強火、水分が沸騰したら弱火にして20分くらい煮込みます。

人間関係
食事
睡眠
健康
メンタル
ファッション
インテリア
パソコン

季節の野菜を重ねて具だくさんの「重ね煮」を味わいます

蓋を開けると、食材のかさが減って3分の1くらいになります。

これを使いまわして、日々の夕食のメインにしようというわけです。

初日はしょうゆ麹やコンソメ麹で味つけをして、肉などを加えて具だくさんのスープとしていただくことが多いです。

翌日はカレーにしてみたり、さらに次の日はケチャップやトマトを加えてミネストローネ風にしたり……厚揚げなどを加えて和風の煮物にすることもあります。

夏場なら冷蔵庫に入れても5日が限度ですが、冬場なら1週間はもつので、これをつくっておくと、アレンジを加えていつでも野菜がたっぷりの食事ができます。

週3日はお魚をいただきます

夕食は週のうち肉と魚が半々になるようにしています。

部屋に臭いが残るのがイヤなので、焼き魚はもっぱら出来合いのものを買ってきて食べています。

背の青い魚が好きなのでサバやアジ、イワシを食べることが多いですね。

サバは焼きサバを買ってきます。アジはたたきになっているのを買ったり、丸ごと買ってきて3枚におろして塩、胡椒をふり、スライスしたタマネギとバターをのせてホイル焼きにしたりします。

イワシはお刺身でも食べますが、缶詰で食べることのほうが多いです。

イワシの缶詰を
ガスレンジのグリルで焼く方法

1

缶詰にスライスしたタマネギとニンニクじょうゆに使っていたニンニクを少々のせてニンニクじょうゆをたらします

2

ガスレンジのグリルの網にのせます

3

弱火で10分ほど焼いたらできあがりです（取り出すときは缶が熱いのでヤケドに注意してミトンなどをご使用ください）

缶詰の蓋をあけてスライスしたタマネギとニンニクじょうゆに使っていたニンニクをのせ、常備しているニンニクじょうゆをたらしてガスレンジのグリルの網にのせて焼きます。

弱火で10分ほど焼いたらグリルから出し、レモンかすだちを搾っていただきます。

「みそ玉」をつくり置きして手間を省いています

私はみそ汁が大好きなのですが、毎回だしをとってつくるのは手間がかかります。ひとり分のみそ汁をつくるのに、そこまで労力をかける必要はないんじゃないかと思っていたとき、いい方法を知りました。

みそに乾燥ワカメや粉末だしを入れてペースト状に練ったものを、みそ汁1杯分ずつ丸めて「みそ玉」をつくっておく方法です。

人間関係
食事
睡眠
健康
メンタル
ファッション
インテリア
パソコン

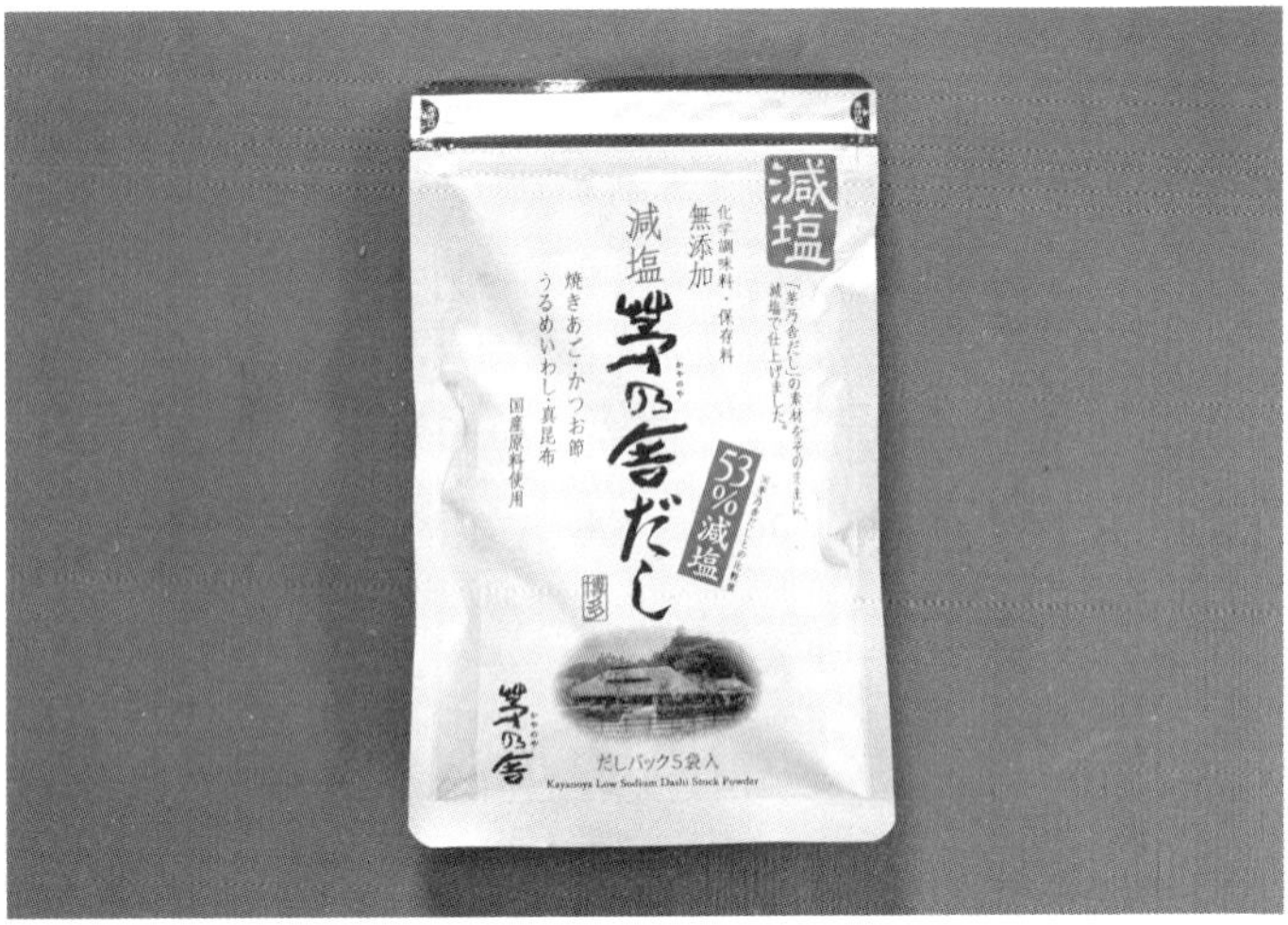

みそ汁の味を引き立たせるために茅乃舎のだしを愛用しています

だしの味でみそ汁の味が決まると思っているので、奮発して高級だしとして人気の「茅乃舎《かやのや》」のだしパックを使っています。

つくっておいたみそ玉をおわんに入れて、お湯を注げばできあがり。

とても手軽につくれるのですが、茅乃舎のだしのおかげで、とても即席とは思えない味になります。

外出先から帰ってきたら、すぐにごはんが食べられますよ。

みそ汁づくりの手間が省ける おいしい「みそ玉」のつくり方

1

茅乃舎のだしパックの中身をとり出して、大きめのスプーン大盛り1杯のみそとまぜ合わせます（私はだしパックの中身をとり出して粉末を利用しています）

2

お好みで乾燥ワカメや刻みネギを粉末だしといっしょに練り、みそとまぜ、小さめのスプーン1杯分のみそ玉を1つずつラップに包んで冷蔵保存する

3

みそ玉にお湯を注いでできあがりです

主食は玄米半分に、ほかの穀類や豆を加えています

主食については、玄米100%にすると私はお腹が張りやすくなるので、玄米を全体の半分の量に留め、残り半分は麦やもち米、白米などの穀類に、金時豆や小豆など、いろいろなものを入れて炊くようにしています。

1回に4合炊いて、1膳分ずつラップにくるんで冷凍し、食べる都度解凍しています。

玄米や豆類は前の日から水につけて、もち米と白米は炊く30分前に水につけ始めます。

これらを全部あわせて一緒に炊きます。

いろんなものが入っているので、歯ごたえや味の違いが楽しめるのです。

週1回は土鍋で炊いた白米1合を食べています

実は私は大の白米好き。体のことを考えて、週のほとんどは先ほど紹介した玄米半分

のごはんにしていますが、週1回だけ白米を食べることを自分に許しています。

その日の夕食は2膳、土鍋で1合炊いた白米をペロリと全部食べてしまいます。

これが毎日のことだと食べすぎになってしまいますが、「週1回くらい許されるでしょ！」と思って、おいしくいただいているのです。

胃腸を休ませるため〝プチ断食〟しています

毎日食事をしていると、胃腸は絶えず働き続けています。

そこで私は胃腸を休ませるため、定期的にファスティング（プチ断食）をするようにしています。

一度やってみるとおわかりいただけると思いますが、極限までお腹がすくと、なんとなく本能が研ぎ澄まされる感覚を得られるように感じてきます。

ものすごく頭が冴える感覚が芽生えて、直感が鋭くなるような気がするのです。

私のプチ断食のやり方は、丸1日か2日くらい水分だけで過ごすというものです。

水分は、白湯やカフェインが少ない「番茶」などを飲むようにしています。

プチ断食をして血糖値が下がりすぎるのもよくないので、あえて2～3倍に薄めた酵素ドリンク（101ページ参照）のような甘いものを飲むようにもしています。

固形物は一切食べないけれど、酵素ドリンクを飲みながら血糖値を一定に保つようにすると、食べなくてもそれほどつらさを感じません。

私は1995年、阪神・淡路大震災を経験しています。そのとき、スーパーが閉まっていて食べ物が入手困難になり、「どうしよう」とうろたえたんですね。

しかしその後、プチ断食をするようになって、人間は水分さえあれば、1日、2日は食べなくてもけっこう平気なものだなと実感しました。

些細《ささい》なことのように聞こえるかもしれませんが、この点に気づいたことで得た安心感はものすごいですよ。

今は何か不測の事態が起きても、数日間ならうろたえずに過ごせる自信があります。

ちなみにプチ断食をしている間も、仕事を休んだり、外出を控えたりすることはありません。ごく普通の1日を過ごします。

もっとも、初めて試みたときは「倒れたらどうしよう」と思って家で過ごしましたが、何ごともなかったので2回目以降はいつもと同じ生活を送るようになりました。

もちろん、お腹はすきます。一時的に飢餓感に襲われることもあるのですが、一方でものすごく勘が冴えるので、クリエイティブな作業をしなければならない期間にプチ断食を組み込んでみるのもいいかもしれません。

プチ断食が明ける日は、がんで入院して絶食したとき同様、消化のいいお粥などから食べ始めます。

体の状態によっては、その日から固形物をとり始め、翌日には通常の食事に戻すことが多いです。

プチ断食を一度やってみると「食べること」に対して真剣に向き合うようになります。

私の場合、食事に対する考え方がガラッと変わりましたし、長い空腹状態を経験することで、以前は意識していなかったことが意識できるようにもなった気がします。

いちばん驚いたのは、食事の準備や後片づけをしないと、「こんなにも時間があるんだ！」ということでした。

私自身は料理も片づけも嫌いではありません。むしろ好きなほうです。そんな私ですら、そう感じてしまったのです。

今まで知らなかった自分の一面を見た思いがしました。

新しい経験は、いつも「未知の自分」を見せてくれますね。それはとても素敵なことではないでしょうか。

第3章　睡眠

疲れを翌日に持ち越さないようにしています

苦しみ悩んで眠れない時期がありました

もともと寝つきは悪いほうではありませんし、睡眠の質もいいほうだと思います。特にがん以降は、いかに質のいい睡眠をとるか試行錯誤するようになったこともあり、現在のところ睡眠に関する悩みはありません。

でも、こんな私にも、かつては体がどんなに疲れていても眠ることができず、悶々《もんもん》としたまま朝を迎えた日々が何度かありました。

最初に眠れなくなったのは、離婚を考えるようになってから別居するまでの時期です。

私は自分ひとりに関することなら、かなり思い切った決断もできると思っています。自分が望まないことなら、未練なくスパッと手放すことができるでしょう。

でも、離婚は私ひとりの問題ではありません。結婚相手の一生に関わることでもありますし、何よりも私たちの間に生まれた3人の子どもたちへの影響は甚大です。
私が離婚したい理由は、相手の暴力や精神的攻撃のモラルハラスメント、さらには家にお金を入れない、働く気もないなど、聞けばほとんどの人が「それなら別れたほうがいい」と考えるようなものではありませんでした。

相手は基本的には「昭和の男」で、家事も育児も妻であり母親である私任せではありましたが、父親としての愛情は持っていましたし、経済的な苦労は何一つありませんでした。

相手にこれといった非がないのに、自分は別れたい。婚姻関係を解消したい。その思いをどうしても消すことができずに、ずっとモヤモヤしていたのです。

子どもにしてみれば、両親が別れることなく、そのままずっと一つの家族でいるほうがいいに決まっています。

私はなんてわがままで自分勝手な人間なのだろうか。こんなにもかわいい子どもたちに恵まれて、経済的な苦労もなく生活できているというのに……。

精神的な苦痛が安眠を妨げることを知りました

離婚のことが頭の中をグルグルとまわり続け、寝つきも悪く、ようやく眠れてもすぐに目が覚めるといった、典型的な不眠症の状態になってしまいました。

まだ40歳手前の若さだったことと、基本的に体が丈夫だったことから、大事には至りませんでしたが、つらい日々が続いたのです。

昼間は子どもの世話や家事で気が紛《まぎ》れましたが、夜になってベッドに横たわると、どうしても離婚のことで頭がいっぱいになり、眠れぬ夜を過ごさなければならない。日々続くつらさを「これでもか！」と味わったのです。

結局、そんな不眠症は、離婚を考え始めてから2年間も続きました。

子ども3人を連れて実家に戻ったその晩のことは、30年以上たった今でも忘れることができません。

ウソのようにぐっすり眠ることができたのです。

離婚を考え始めて不眠症を患う前の平均睡眠時間は5〜6時間でしたが、別居して実家に帰った日、私は安心したのでしょう。昏倒《こんとう》するかのように眠りにつき、9時間か10時間くらい眠っていたようなのです。

このとき初めて、人間の心と睡眠とが深く関わっていることを実感しました。

離婚するまでの2年間、自分が思っていた以上に緊張し続けていたことに気づくと同時に、こんなにも安眠できる実家という場所があることに、感謝の念を覚えずにはいられませんでした。

父の会社の倒産で激しい不安に駆られて、また不眠症になりました

離婚のときと同じく、精神的な悩みから不眠症に陥ったことがもう1回あります。父の会社が倒産したときのことです。

父が経営していた会社が、バブル崩壊とともに倒産の憂き目にあったのです。

ところが、私はそのときのことをはっきりと覚えていません。あまりにショックが大きすぎて、そのころの記憶を全部消し去ろうとする力が働いたのではないかと感じます。忘れないと、私はこれまで生きてこられなかったのかもしれません。

離婚したときは、ただただ相手と3人の子どもたちに申し訳ないという気持ちでいっぱいでした。でも、私には裕福な実家がついているという潜在的な意識が働いていたのでしょう。

経済的に困窮するというイメージは、幼いころからそれまで持ったことがありませんでした。

実際、離婚してシングルマザーになったとはいえ、お金についての苦労はありませんでした。「これから母子家庭で頑張る！」という気持ちではありましたが、離婚して移り住んだ場所は、父が所有していた150㎡の広々としたマンションです。

しかも、父の会社の役員に名を連ねていたので、役員報酬という名目で生活費も親がかりでした。

離婚といえば、まず経済的な心配をするのが普通でしょう。実家をあてにすることができない状態で離婚した女性たちに比べれば、まったくの甘ちゃんで、今思えば、自分ですらちゃんちゃらおかしいと感じます。

正直に言って、私にとって父の会社の倒産は、離婚よりもはるかにショックでした。

幼いころからあって当然と思っていたもの、自分にとっていちばんのよりどころであったものが突然なくなったのです。

お金に苦労したことがないだけに、何よりもお金に困ることが恐怖でした。

たぶん、あのころの私は何が売れるのか、いくらで売れるのか、売ったお金を優先的にまわすべきなのはどこか、お金の算段ばかりに明け暮れて満足に眠ってはいなかったと思います。

でも、その記憶は私にはないのです。

あまりにつらすぎて忘れ去りたかったから。

がんになって「健康でないと満足に眠れない」ということを知りました

30代での離婚、40代での実家の倒産と、精神的な苦痛から不眠症を経験した私ですが、61歳でがんになったとき、今度は「身体的な病気で眠れない」という経験をすることになりました。

私は2013年1月22日に61歳の誕生日を迎えています。ちょうどその日に友達がサプライズパーティーを開いてくれたんです。

「ちょっと会わせたい人がいるから、ドレスアップしてきてね」と意味深なことを言われ、オシャレして約束のお店に入ったとたん、クラッカーが鳴らされて親しい友達が勢ぞろいという、とても素敵なサプライズパーティーでした。

とても楽しくうれしくて大騒ぎをしたのですが、実はそのとき、体がすごくつらかったのです。

うれしい、ありがたい、なんて幸せなんだろうと思いながらも、実は体がつらくて一刻も早く家に帰ってベッドで横になりたい気持ちでいっぱいでした。

私はそれを「年齢のせいだろう」と思いつつも、「体の中で何か変なことが起こっている」という直感めいたものを捨てきれずにいました。

というのも、その3か月くらい前から、寝つきの悪さや眠りの浅さなど、睡眠障害の傾向が出てきていたからです。

そのころは仕事も絶好調。なんの悩みもなく、仕事で十分に体を動かしているので、運動不足でもありません。

不眠症になる要素はないはずなのに、なぜかうまく眠れない……。

結局、病院で2回の検査を経て子宮頸がんのステージⅢCという、ほぼ末期に近い状態になっていることがわかりました。

不正出血や腹痛など、明確な子宮頸がんの症状は何も出ていなかったのに、体は「睡眠障害」という形で私に危険信号を発してくれていたのです。

がん治療のための入院中は、寝ているのか起きているのかわからないくらい、夢か現《うつつ》かの状態をさまよっていました。

睡眠の役割は体を休ませることです。だから病気を治すには、十分な休養＝睡眠が必要なわけですよね。

なのにいちばん体を休ませなければいけないときに、体調が悪すぎて満足に眠ることもできないとは、なんということでしょう。

眠れないほど弱り切った私が強く感じたのは、「ぐっすり眠るのにも体力が必要」ということです。

若いときはいくらでも眠れますよね。あれは体力があり余っているからなのではないかと思います。

病院のベッドで満足に眠ることもできなくなった自分を情けないと思いつつ、「退院したら気持ちよく眠れる体をとり戻そう」と心に決めました。

生活サイクルは「眠り」から逆算して決めています

入院中の不眠により、睡眠が心や体と深く関わっていることを実感した私は、まずは睡眠を見直そうと考えました。

「何かをするために睡眠時間を削る」などと言いますよね。私もかつては、そういうことをしていました。

何かしたいこと、しなければならないことがあると、真っ先に削るのは睡眠時間という考え方だったのです。

これはつまり「睡眠時間を犠牲にする」ともいえることです。

だから私は、この考え方をやめることにしたのです。

睡眠は削っていいものではなく、「いちばんに確保しなくてはいけないもの」というふうに考え方をあらためました。

人間関係
食事
睡眠
健康
メンタル
ファッション
インテリア
パソコン

そこでまずは「朝起きたときに前の日の疲れが残っていないこと」を目標に、夕食を食べる時間、夕食後の過ごし方、入浴する時間やお風呂につかる長さなど、あれこれと試してみたのです。

そこでできあがったのが、〝毎日快眠〟の現在のライフスタイルです。

寝る4時間前には食事を終えるようにしています

最初に気づいたのが、眠りに就く4時間前には夕食を終えるようにすると、翌朝の寝起きの爽快感が違うということでした。

朝起きるとお腹がペコペコになっていて、これがなんとも気持ちがいいのです。たまに会食などで夕食をとるのが遅くなって、就寝までの時間が短くなると、翌朝起きたときに〝体の重さ〟を感じます。

胃の中に消化されないものが、残っている感じがするのです。

夕食後はとにかくリラックスします

がんになる前の私は、昼だろうが夜だろうがかまわず、時間があれば仕事をしていました。イヤイヤやっていたのではなく、仕事が好きだからこそ、ついついやっていたのです。

のちほどお伝えしますが、私は自分で動画の編集をしたりブログを書いたりするのですが、それもほとんどが夜にやっていたことでした。

まずは、この習慣をやめてみることにしたのです。

夕食後は安らかな睡眠に向けて、自分を休ませる時間に充てることにして、余計なことは考えないようにも努めました。

以前は夕食後に仕事の続きをしていると、いろんなアイディアが浮かんできて、そこに集中してしまって寝る間を惜しむこともよくあったのですが、そうしたことを一切やめたのです。

仕事のことを考えるのは楽しいのですが、何もわざわざリラックスするべき時間にしなくてもいい。そんなふうに考え方をあらためました。

自分の好きなことを仕事にしてしまったがゆえに、オンとオフの切り替えが難しかったのですが、「夜はプライベートな時間」と決めてからは、時間の使い方にメリハリがつくようになったのもよかったと思います。

用事は朝、気持ちよく目覚めたあとでやればいいのですから。

夜9時すぎから ゆったりと入浴します

入浴は、いつもだいたい夜9時すぎです。お風呂につかるのが大好きなので、夏場でもシャワーですませることはありません。

ゆっくりとお風呂につかるため、お湯の温度は私の体感的に少しぬるめです。暖かい季節は37℃、寒い季節でも39℃止まりにして、お気に入りの入浴剤を入れます。

現在のお気に入りは「エプソムソルト」という入浴剤です。

調べたところ、エプソムソルトというのは、点滴などの医薬品や栄養食品など幅広い分野で使われる「硫酸マグネシウム」で、欧米では古くから入浴剤として普及しており、ハリウッドのセレブたちも愛用しているようです。

欧米では古くから入浴剤として普及している「エプソムソルト」を愛用しています

アマゾンで検索すると、いろんな種類のエプソムソルトが出てきますが、私は1000～2000円くらいの大きな容量の袋に入ったものを使っています。

この入浴剤は、娘が教えてくれたものです。

私は人工的につくられた芳香剤の強い香りが苦手で、市販の入浴剤はダメなのですが、エプソムソルトはほとんど香りがしません。

そしてこれを入れると体がとても温まって、お風呂から上がったあと、すごく汗が出るのです。

それが気持ちよくて、もう手放せなくなりました。

ちなみに入れる量については、付属のスプーンで6杯入れるようにと書かれているのですが、私はその半分くらいで十分だと感じています。だから毎回入れるのは3杯。指定された分量を入れなくても十分温まるし、汗も出るので、自分の感覚を信じていいのではないかと思って使っています。

お風呂につかりながら読書や映画を楽しんでいます

お風呂につかりながら好きな本を読んだり、タブレットで映画を見たりするのが何よりの楽しみです。

ただし、紙の本は湯気でふやけてしまうので、新刊を持ち込むことはしません。たいてい古書店で買った古本です。

「タブレットを持ち込むのなら、電子書籍にすればいいじゃない」と思われるかもしれませんが、なぜか本（文芸書）は紙でないと読めないんです。

タブレットで文字を読むと、すごく疲れてしまって。それに本を読む楽しみの一つに「ページをめくる」という動作があるとも感じます。

ページをめくって「まだこんなに読める」と思ったり「ああ、もうここまできちゃった。あと少しで読み終えちゃう」と少し名残惜しく感じたり……そのアナログな感覚が好きなんです。

映画は、アクションものが好きです。まず見ないのは恋愛映画。ロマンチックすぎたりドロドロしすぎたりと、あまり気が休まらないからです。

アクション映画も気が休まらないといえばそうかもしれないのですが、私にとってはスカッとする要素が勝ります。頭が空っぽになって、リセットされるというか。感情移入しないですむところが、いいのかもしれません。

ちなみに、これまで見た映画でいちばん好きなのは、マット・デイモン主演のスパイ・アクション映画『ジェイソン・ボーン』のシリーズです。

映画を1本見終えるには時間がかかるので、30分ずつに分けて見るようにしています。2時間の映画なら、30分ずつ4回ですね。

どんなに面白くて続きが見たくなっても、そこは「明日以降のお楽しみ」ということで切り上げます。そうすると、明日が楽しみにもなりますからね。

歯磨きするときも、映画を見ながらすませてしまいます。

歯磨きは念入りにすることにしているのですが、それについては第4章の180ページであらためて紹介させていただきますね。

また私は朝シャン派なので、夜の入浴時に洗髪はしません。

何しろ髪の量が多く剛毛なので、夜シャンプーすると乾かすのに時間がかかってしまうのです。朝シャンは洗面台でパパッとすませ、特にドライヤーもかけずに自然乾燥させています。

夜間のトイレ対策のため、入浴後は何も飲みません

お風呂上がりに水分をとる人は多いと思います。でも私は、あえてとらないようにしています。

そのタイミングで水分をとってしまうと、夜のトイレの回数が増えてしまうからです。

ここ数年、夜1回はトイレに起きるようになり、あれこれ試行錯誤したのですが、どうしても夜間のトイレをなくすことはできませんでした。

病院で薬をもらって飲めば、解消できるのかもしれません。しかし、私はできるだけ薬を飲みたくないのです。

もしもトイレに起きたあと、再び眠ることができないのであれば、私も薬を使ってでもなんとかしたかもしれません。でも、私の場合、トイレから戻ってベッドに入ったとたん、またすぐに眠りに就くことができるので、薬の必要性は感じません。

とはいえ、就寝中に2度、3度とたび重なってしまうと、その都度眠りが妨げられてしまいます。

だから、とりあえず寝る前には水分をとらずにいようと思っているのです。


暑い季節だと夜間の脱水症状が気になりますが、私は入浴前に十分に水分をとっていることと、暑がりということもあって真夏の夜はエアコンをつけっぱなしにしているので、体に支障をきたしたことはありません。

暑い日が続く夏場、エアコンをつけっぱなしで寝ると電気代が気になりますが、それは命と健康にはかえられませんよね。

人によっては水分不足になるかもしれませんので、特に真夏の暑い時期にはお気をつけください。

バスタオルやバスマットは使いません

わが家にはバスタオルやバスマットというものが存在しません。

あるのは、フェイスタオルとバスローブのみ。

バスタオルやバスマットは保管するのに場所をとりますし、洗濯しても乾きが悪いですよね。

そこで思い切ってフェイスタオルとバスローブですませてみたら、まったく支障がなかったのです。

お風呂上がりに軽くフェイスタオルで体を拭いたら、すぐにバスローブをはおります。

バスローブはホテルにあるようなずっしり重い地厚なものではなく、なるべく軽くて乾きの早いものを選ぶようにしています。

最近は、無印良品で買ったバスローブがお気に入りです。

リネン類は年1回、新品に交換します

タオル類のほか、枕カバーや布団カバー、シーツなどのリネン類は、年1回そっくり新品に交換するようにしています。

リネン類は2組を交換して使っているので、冬のバーゲン時に2組を新たに買い、古いものは処分します。

さほど高価なものを買っているわけではなく、全部合わせても1万円くらい。

新しいものって新鮮な気分にさせてくれますよね。毎日使うものを年1回、1万円で新調して「まっさらで新鮮な気分」が味わえるのですから、決して高い買い物ではないと思います。

その分、外食はほとんどせず、手ごろな食材で手づくりして出費を抑えています。抑えるところは抑えて、出すところは出すようにしているのです。

基礎化粧品はちょっぴり贅沢しています

贅沢とはほぼ無縁な私の日常生活ですが、例外があるとしたら基礎化粧品です。

化粧水と美容液はちょっぴり高価なものを使っています。値段は化粧水で1万円くらい。

私の感覚ではお高いのですが、ほぼ無臭で肌への浸透がとてもいいので、使い始めたらやめられなくなってしまったのです。

1回買ったら2か月半から3か月くらいはもつので、「まあ、このくらいの贅沢はいいか」と思って使い続けています。

ちなみに愛用している化粧水と美容液はバイオメドテック製薬という会社のものです。

2日に1回、ワンダーアンドコーという会社の「ケアパックCS」という炭酸パックも使っています。

洗い流すタイプのパック剤ですが、使ったあとは顔の肌ツヤがはっきりと違います。

化粧を落とすクレンジングにはまったくこだわりがなく、スーパーで売っているものを使っているのですが、洗顔せっけんにはいささかこだわりを持っています。

炭酸パックと同じメーカーの「シルクソープCS」という洗顔せっけんの泡立ちが素晴らしく、お気に入りです。

ナイトウエアはユニクロ、リネン類ともども夏冬兼用です

私はパジャマというものを持っていません。

寝るときに着るのは、ユニクロのTシャツとジャージー素材の長いパンツです。厚手ではなく薄手のもので、夏も冬も同じ素材のものを着ています。

先ほどお伝えしたように、私は暑がりなので、夏の夜はエアコンをつけっぱなしにし

ています。だから、体が冷えすぎないように、夏でも長袖・長ズボン。冬に室温が低くて体が冷えるということがないので、夏と同じ素材でOKというわけです。

夏冬同じというのは、リネン類についても同様です。よく夏には冷感タイプの、冬には保温性の高いボアシーツなどが売られていますが、どちらも持っていません。四季を通して同じコットンのシーツや布団カバーを使っています。

ネット通販で買ったソファーベッドがとってもいいんです

私は自宅で動画を撮影することが多いので、背景にソファーを置きたいと考えていました。ところがソファーとベッドの両方を入れることは、1DK（2間）の団地住まい

寝るときだけ
ベッドにします

ソファーのときは
部屋が広々と使えます

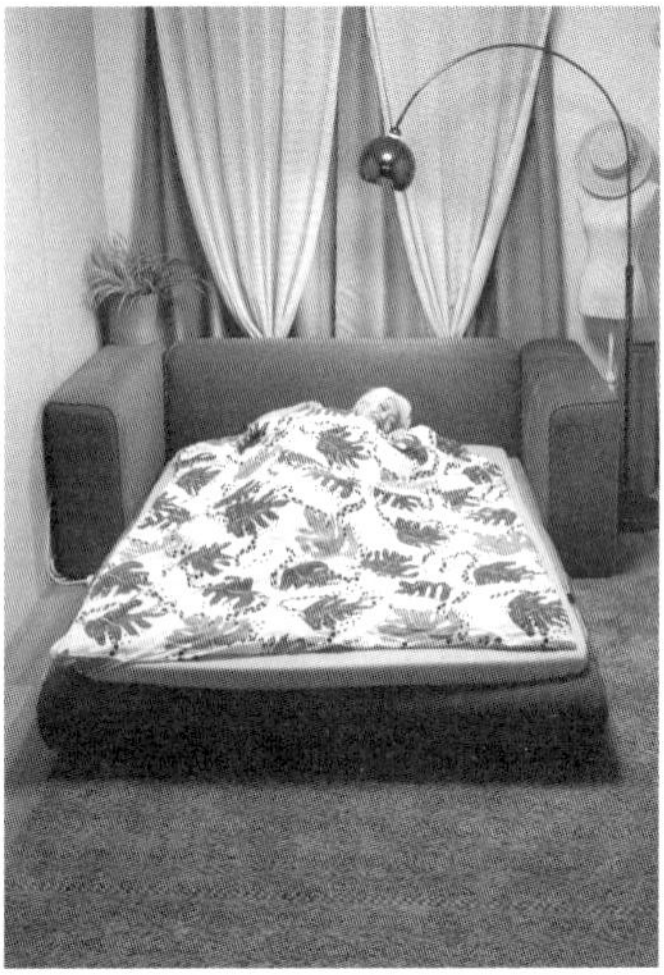

ネット通販で買った「コアラソファーベッド」は当たりでした！

には、スペース的に不可能です。

そこで昼間はソファーとして使うことができ、夜になるとベッドに変身させることのできる「ソファーベッド」を買うことにしました。

あれこれインターネットでの評判を調べてみたところ、オーストラリア発で店舗を持たずネット専業を続けることで値段を抑えているという「コアラソファーベッド」が激賞されていました。

店舗での販売をしていないので、寝心地を試せないことに一抹の不安を感じましたが、ネットの評判を信じて「エイヤッ！」と購入。これが大正解だったのです！

寝心地はどちらかというと硬めですが、手持ちの2㎝くらいの厚さのベッドパッドとの相性が抜群によくて、体の沈み込みがまったくありません。

寝返りを打っても変に反応することがなく、本当に眠りやすいです。

私に合った睡眠時間は8時間だとわかりました

こうしてあれこれ試行錯誤してあみ出した、睡眠時間から逆算したライフスタイルに、私はとても満足していました。

コロナ禍以前の就寝時刻はたいてい午前0時から1時の間で、平均睡眠時間は6時間くらいでした。夜中に1回トイレに起きますが、翌日に疲れを持ち越すことはありませんでした。

ところが2020年春、コロナ禍に見舞われてから仕事がほとんどなくなり、膨大な自由時間ができたことから生活が一変しました。

外出もできなくなったので、自然に夕食以降のもろもろが前倒しになり、夜10時にはベッドに入り11時には眠りに就くようになりました。

すると、睡眠時間は6時間から8時間へと2時間増加。そして、ますます体の調子がよくなり、これまでの長きにわたる人生の中でも絶好調といえるくらいになったのです。

私は昔から体力があるほうで、ショートスリーパーを自認していました。6時間でも寝すぎなくらいなんじゃないかと思っていたのですが、実際のところはそれでは足りていなかったのですね。

年をとったらそんなに眠らなくても大丈夫と思っている人は多いと思います。

でも、意外とそうでもないかも？　一度、睡眠を見直してみると、自分の思い込みを裏切られる新鮮な体験ができるかもしれませんよ。

第4章 健康

無理せず、頑張らず、体を鍛えています

健康のカギを握るのは「筋肉」です

私たちの体は、おもに骨と筋肉で成り立っています。どちらも体を構成する大切な要素ですが、あえて重要なのはどちらかと問われたら、私は迷いなく「筋肉」と答えます。

お年寄りが病気をして寝ついたのを機に、そのまま寝たきりになってしまうのは、立ったり座ったりする機会がなくなり、筋肉が衰えてしまうことが大きな要因です。若い人ですら1か月も病気で寝たきりになると、立ち上がって最初の一歩を踏み出すのがとても大変になると聞きます。

体を形づくるのは骨（骨格）ですが、骨格をスムーズに動かすのは筋肉なのです。

車に置き換えてみるとわかりやすいかもしれません。車のフレーム（骨）だけあっても、エンジン（心臓：心臓も筋肉でできています）が搭載されていないと動かすことができませんよね。

そんな大切な筋肉を鍛えるには、動かすことが基本です。

普段の生活で立ったり座ったりして足腰の曲げ伸ばしをしたり、物を持ち上げたり、指を使ったりすること自体が、筋肉を鍛えて筋力を維持することにつながります。

闘病で寝ついてしまい、日常生活を営むことができないと、たちまち筋肉が衰えるのはそのためです。

多くの人は全身の筋肉を使えていません

私はボディーワークの専門家で、日夜、筋力維持について考えている〝筋肉フェチ〟ともいえますが、現代を生きる私たちは、筋肉の使い方がわからなくなっているのだなあと、つくづく感じます。

私は大阪市教育委員会からの依頼で、年に何回か小学校でエクササイズを教えています。

まず子どもたちはどれくらい筋力があるのか、体の使い方を知っているのかを試すためにやってもらうことがあります。

それは「跪坐《きざ》」というものです。

正座から立ち上がるときに、つま先だけ床につけてかかとを上げた状態になりますよね。それが跪坐です。

これができない子、やったことがないという子が圧倒的多数なのです。

最初はその事実に驚いたのですが、そもそも今の子どもたちの生活で跪坐が必要になる機会がほとんどないのです。

正座をする機会もないですし、和式トイレもほとんどなくなりました。

この生活様式の変化が日本人の体の使い方、ひいては筋肉のつきかたに与えた影響は大きいと思います。足首からふくらはぎにかけてしなやかに動かすことができなくなってしまったのです。

「跪坐」で足をストレッチする方法

1

足の指の腹を床につけてヒザをつきます（これが跪坐です）

2

1の跪坐の状態から足の指を伸ばして正座をします（足首と足指のストレッチ運動になります）

思えば昭和の時代のお年寄りで、寝たきりになる人は、今ほど多くなかったように思います。

今より平均寿命が短かったこともあると思いますが、正座や和式トイレで腰を下ろしたり立ち上がったりすること自体が、けっこうな筋トレになっていたのかもしれません。

なお、体中の筋肉はつながっているので、足首やふくらはぎの筋肉が硬いということは、その上の太ももや腰のまわりの筋肉もカチカチになっている可能性が高いです。

スマホやパソコンが猫背に追い打ちをかけています

もう一つ私が気になっているのが、猫背の人が多いということです。

もともと日本人は、欧米の人に比べて姿勢の悪い人が多いようです。体質的に欧米人よりも筋力が弱いのと、正しい姿勢を意識する文化が定着していないことが影響しているといわれます。

そこへパソコンやスマホの登場です。電車に乗れば10人中8人くらいがスマホを手にして画面を見つめていることが多いです。

たいていの人はスマホを見るとき、無意識に背中が丸まって首が前に突き出していますが、なかなか本人は気づきにくいのです。

肩こりや背中のこりに悩む人が多いのは……

筋肉にとっては「動かさない」のがいちばんよくありません。

筋肉が動かす関節の可動域は思いのほか広く、筋肉は最大で20%くらい伸び縮みするそうです。でも動かさなければ、固まってしまいます。

パソコンを使ってのデスクワークやスマホの見すぎで体を動かさずにいると、肩から背中、さらには腰までの筋肉がカチカチに、固まりがちなのです。

肩こりや背中のこり、腰痛があるという人は、こりのある部位を触ってみてください。こりのある部分は血液やリンパ液の流れが悪くなっているので、冷たく感じるはずです。

スタイルが悪いのも内臓が弱っているのも筋力低下が原因です

「下半身デブでイヤになっちゃう」とか「年をとってお腹のまわりに肉がついてきた」などと嘆く声を聞きますが、ズバリ言います。

それは「全身の筋肉をバランスよく使えていないから」です。

若いころはまだ筋力にしなやかさがあるので、アンバランスなのは、それほど目立ちません。

ところが筋力が弱ってくる中高年以降は、筋肉をしっかり使えていないことが端的に体形に出てくるのです。

体形だけではありません。筋肉が衰えれば、内臓機能も低下します。なぜなら、内臓も筋肉でできているからです。

年をとると、食べ物を飲み込みづらくなったり(嚥下障害)、食べすぎると胃がもたれたりするようになりがちですが、これらは食道や胃の筋力が衰えていることが一因なのです。

背中と太ももまわりの筋肉を鍛えましょう

私たちが体を動かすことができるのは、関節のまわりを覆っている筋肉が伸び縮みするからです。

筋肉は全身の筋肉を包み込む「筋膜《きんまく》」で覆われています。つまり、筋肉は筋膜と一緒に伸び縮みしているわけですが、あるポイントがコリコリに固まってしまったとしたら、ほかの部分にも片寄りが生じてしまいます。

1か所でも使われない筋肉があると、そこに滞りが生じてしまい、血液やリンパ液の流れが悪くなってしまいます。

血液は体中に酸素や栄養を送り届ける働きを、リンパ液は体内の老廃物を回収する働きがあります。

これらの働きが悪くなると、体調不良の原因になります。だから筋肉は、バランスよく使って鍛えることが大切なのです。

そうすれば血流もリンパ液の流れもよくなり、新陳代謝が活発になって健康な体の基礎がつくられていきます。

特に効果的なのは、体の中で大きな体積を占めている筋肉を鍛えることです。上半身でいえば背中の筋肉（背筋）、下半身でいえばお尻と太ももまわりの筋肉です。

最低限、この二つの部位の筋肉が、いつもしなやかに動かせる状態になっていれば大丈夫！

体の中も外も若々しさを保つことができます。

あなたの筋肉をセルフチェックしてみましょう

それでは、まずあなた自身の筋肉が今どんな状態なのかをチェックしていきましょう（次ページ参照）。

〈セルフチェック1〉については、指が楽々差し込めればOKです。足の指の間が開かなかったり、開くときに痛みを感じたりした場合は、下半身（腰から下）の筋肉にこわばりがあったり、弱ったりしていることが考えられます。

〈セルフチェック2〉は、ヒジを曲げずにまっすぐ伸ばしたまま、腕が耳の近くまでいけばOKです。あまり上がらない場合は、上半身の筋肉、特に背中と肩まわりの筋肉が十分に使われずにこわばりが生じています。

セルフチェック1

足の指と指の間に手の指を差し込んで、足の指が開くかどうかチェックしましょう。

※全部の指の間に差し込んだときに痛みを感じないのが理想です。

1 足の指に反対側の手の指を入れます

2 足をギュッと握りしめてちょっと刺激を与えます

セルフチェック2

背中と肩まわりの筋肉の柔軟性をチェックしましょう。

※手のひらを上に向け、ヒジをまっすぐ伸ばしたまま腕を上げ、耳の横までいくかをチェックします。

1 左右の腕を床と平行に広げます（手のひらは上に向けます）

2 腕を耳の横に向けてゆっくりと上げていきます（ヒジを曲げないようにしてください）

3 腕を下げます

エクササイズを習慣化しましょう

ここからは具体的なエクササイズのやり方を紹介していきましょう。

下半身と上半身のエクササイズを2種類ずつ紹介しますが、それ以前の準備として、次の二つを行い、習慣化するようにしてください。

〈エクササイズ準備1〉足指を開く

四つの足指の間に反対側の手の指を差し入れて足指を開き、手で握るようにします。

最初は足が温まっている入浴時にやるようにするといいでしょう。

体が温まると筋肉がゆるむので、平時よりも手の指が入りやすくなるはずです。これをするだけで全身の筋肉がやわらかくほぐれます。

続けることで、エクササイズの効果が出やすい体がつくられます。

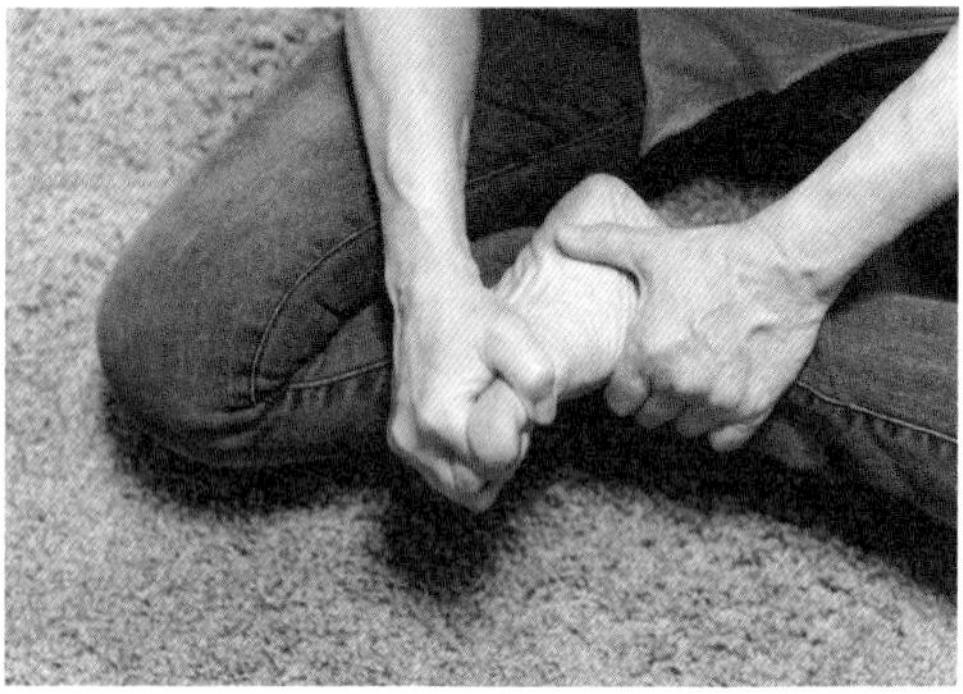

まずは準備です。片足ずつ足指の間に手の指を入れて開きましょう

〈エクササイズ準備2〉 座骨を立てて座りましょう

座骨ってどこにあるかわかりますか？

椅子に座った状態で、手のひらを上に向けて臀部《でんぶ》（お尻）の下に手を入れてみてください。

そのとき左右のお尻に二つ出っ張っている骨が座骨です。

座骨は骨盤の一部で、いちばん下に位置しています。その名のとおり、「座る」ことに関してとても重要な役割を果たしています。

座骨を床や椅子の座面に垂直に立てるようにして座ると、自然と姿勢がよくなり背中がまっすぐになります。

本来、椅子には背もたれは必要ないと思ってください。座骨をきちんと立ててさえすれ

NGな座り方

背もたれに体を預けているので骨盤が後ろに倒れています

OKな座り方

できるだけ背もたれに頼らず座骨を意識して背筋を伸ばしましょう

普段から座骨を立てて座ることを意識しましょう

ば、上半身はおのずとシャンとするからです。

ところがほとんどの人は、背もたれに背中をもたせかける姿勢が楽な姿勢と勘違いしています。このとき骨盤は後ろに倒れ(後傾《こうけい》)、座骨は本来の役割を果たせていません。

座骨がきちんと立った正しい姿勢だと、体は少し前傾になります。

まずはエクササイズをするとき、座骨を立てて座るようにしてください。日常生活でも座骨を立てて座ることを心がけるといいでしょう。

下半身のエクササイズをしましょう

下半身のエクササイズでは、股関節まわりの筋肉をほぐし、太ももの大きな筋肉（大腿筋《だいたいきん》）に働きかけます。これによって血行やリンパ液の流れがよくなり、代謝がアップします。

下半身ゆるゆるエクササイズ1

もしバランスボールがあれば、手で押しつぶしたときに床に手が触れるか触れないかくらいまで空気を抜いたものを使ってください。なければ、クッションや枕を使いましょう。

股関節をほぐすエクササイズ

1

床に座骨を立てて座り、片足を体の前で曲げ、もう一方の足をバランスボールやクッションなどの上にのせます

2

バランスボールやクッションの上にのせた足のヒザに手を添えながら、ヒザを左右に大きくゆらゆら揺らします。10回くらい揺らします

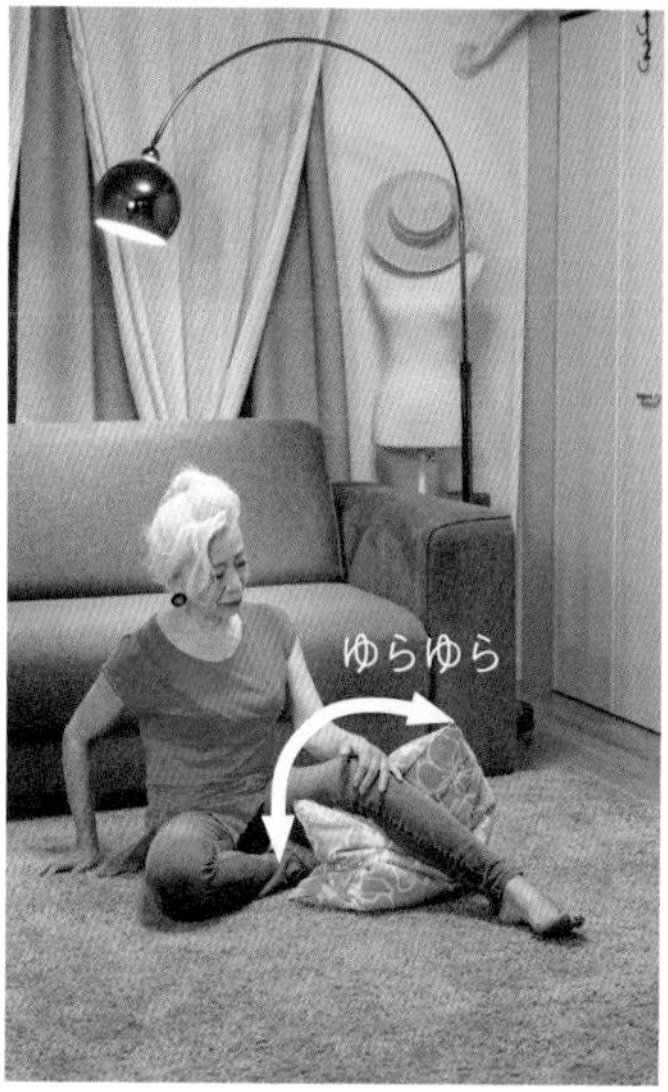

体を起こしてヒザに手を添えながら足をゆらゆら揺らしましょう

3

もう一方の足も同様に揺らしましょう

効果を実感したい場合は、このエクササイズの前とあとに、開脚をして（床に座って足を広げて）みるといいでしょう。エクササイズ後は、足が開きやすくなっているのが感じられると思います。

テレビを見ながらでもできる簡単なエクササイズですが、股関節まわりの筋肉をゆるめるのには効果抜群です。

下半身ゆるゆるエクササイズ2

股関節をゆるめるのと同時に、日ごろあまり使われない太ももの内側の筋肉（内転筋《ないてんきん》群）をほぐす効果が期待できるエクササイズです。

仰向けの状態で行うエクササイズなので腰を痛めないよう、マットやカーペットの上でやるようにしましょう。

私のオススメは布団やベッドの上で、掛け布団をかけた状態で行うことです。

私はこれを寝起きにベッドの上でやっています。あえて掛け布団をかけた状態で行う

内ももをほぐすエクササイズ

1

仰向けに寝て、片方の足のヒザを抱え、もう一方の足は伸ばしておきます

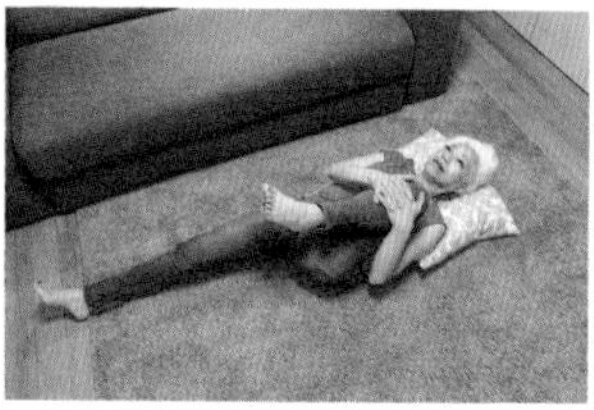

2

抱えたヒザを5秒くらいかけてゆっくりと外側にまわしていきます（このときヒザが上下しないように気をつけて、できるだけ低い位置で高さが変らないようにしましょう）

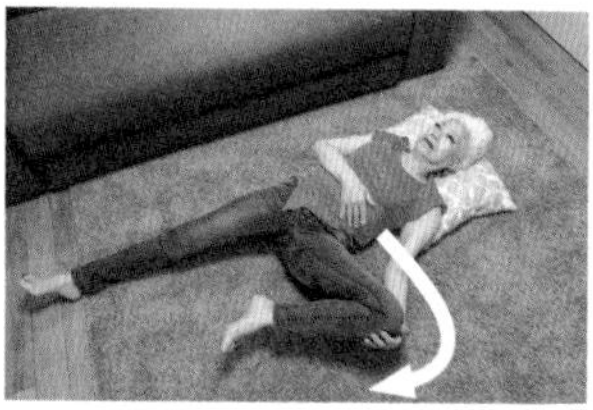

3

2を5回繰り返したら、今度は内側に5回まわしましょう

4

反対側の足も同様に行ってください

ベッドの上に仰向けに寝た状態で行うのがオススメです

ことで、ヒザをずっと同じ高さでまわせているかどうかが確認しやすくなります。

上下にバタバタさせるよりも、同じ高さをキープするほうが太ももの内側の筋肉が使われ、高い効果を期待できます。

たとえば、隣に誰かが寝ていたとして、その人に気づかれないくらい静かにまわすことを目指すといいでしょう。

上半身のエクササイズをしましょう

上半身のエクササイズでは、固まりがちな背筋に働きかけていきます。

昔、「バックシャン」という言葉がありました。「後ろ姿が素敵な人」という意味の言葉ですが、このエクササイズはまさにそれを目指そうというものです。

上半身ゆるゆるエクササイズ1

日常生活で腕を思い切り伸ばすことは、意外とないのではないでしょうか。だからこそ意識的に伸ばしてみましょう。腕を伸ばすと否応なしに背筋が使われ、こり固まった背中や肩がスッキリします。

できるだけ両腕を耳に近づけながら上に伸ばすのがコツです

①椅子を使ったエクササイズです。座骨が椅子の座面に対して垂直になるよう背筋をピンと伸ばして座り、手のひらを天井に向けたまま、ヒジを伸ばして両腕を上げていきます

②上げきったらそこで5秒カウントし、腕を下ろします

③2回同じことを繰り返しましょう

たったこれだけの動作ですが、背中から肩がスッキリします！

上半身ゆるゆるエクササイズ2

前ページのエクササイズ1の応用バージョンです（次ページ参照）。気になる二の腕の引き締めにも効果抜群です。

エクササイズ1にひねりとヒジ曲げを加えたものですが、その分、より筋肉に負荷がかかり背中や二の腕に「効いている」のが実感できるのではないでしょうか。

「肩や背中がこったな」と感じたらぜひやってみてください。

歯の定期検診と小まめな歯磨きは欠かしません

私は病院嫌いで、病院には極力行かないようにしています。

背中と二の腕“引き締め”エクササイズ

1

座骨を起こして座面に対して垂直になるよう背筋を伸ばして椅子に座り、手のひらを天井に向けて両腕を上げていきます

2

上げきったらそこで手のひらは天井に向けたまま左右の指先を右側に向けます

3

手のひらが天井を押し上げるようにピンと伸びたら、ヒジを曲げます。90度の角度になるまで曲げたら、そこで5秒カウントし腕を下ろします（この動作を2回繰り返します）

4

反対側（左右の指先を左側に向ける）も同様に2回行いましょう

背筋を伸ばして胸を開くように行うのがコツです

でも歯医者さんだけは別。3か月に1回、定期検診に行くようにしているのです。

なぜなら、体によくておいしいものをずっと自分の歯で食べることで、健康が維持できると考えているからです。

そのためには「虫歯」と「歯周病」の予防が欠かせません。

日本人が歯を失う二大原因は歯周病と虫歯で、歯周病は年齢が高くなるほど増えますが、55歳以上の罹患《りかん》率は55～60％となっています。

また、40代後半からは虫歯よりも歯周病で歯を失う割合のほうが高まるそうです。

そこで、普段の歯磨きでは落としきれない汚れや歯垢《しこう》を、定期的に歯医者さんにとり除いてもらうのです。

もちろん、毎日の歯磨きも入念に行っています。

ブラウンというメーカーの電動歯ブラシを使って、朝晩10分くらいずつ磨きます。

一つの電動歯ブラシを何年も使うという方が多いようですが、私は本体部分を1年に1回、歯ブラシ部分は1か月に1回交換するようにしています。

これは自分の健康に対する投資だと考えています。新しいものに替えると、磨いたあとの歯のツルツル感が全然違うからです。

ちょっとコストはかかりますが、病院にはめったに行かないし、サプリメントなどもとっていないので、歯ブラシ代くらいはかけてもいいんじゃないかと思っています。

おかげで虫歯は1本もありませんし、歯周病にもなっていません。

いつも行く歯医者さんからは「よくお手入れされていますね」とお褒めの言葉をいただいています。

第5章 メンタル

思い出を大切にしても
過去には執着しません

がんになって「我慢しない」「心地よさを優先する」と決めました

私はちょっと天邪鬼なところがあって、普通の人なら絶対に「こっちのコースを選ぶはず」というようなところで、反対のコースを選んでしまいがち。順風満帆が保証されている道は、まず選ばない質《たち》なのです。

もともと物事に対する執着心があまりないようで、「これを絶対に失いたくない」というものが少ないように思います。

そういう生き方がかっこいいと、どこかで思っているのかもしれません。

それに拍車がかかったのが、61歳でがんを経験したときです。

還暦をすぎて、いよいよ人生の終盤戦に入るというときに死を意識せざるを得ない大病を患ったことで、「もうここまできたら何も怖いものはない」「自分の思い通りにやりたいことをやって楽しもう」と吹っ切れたのです。

そういう意味では、がんの発病は私にとって大きなターニングポイントになったと思います。

人生は有限であり、自分の人生には必ず終わりがくることを頭ではわかっているつもりでした。しかし、人生の終わりを目の当たりにして初めて、毎日が本当に愛おしくなり、日々の過ごし方と真剣に向き合うようになったのです。

その結果が今までお話ししてきた人間関係であったり、食事や睡眠であったりなのですが、どんな場面でも共通して大切にするようになったのが「我慢しないこと」「心地よさを優先すること」です。

この二つを自分の軸として定めることで、メンタルがそれまで以上に安定して、日々の暮らしの中に小さな幸せを感じられるようになったと思います。

過去のものを思い切って捨てました

100年に一度の疫病の大流行ともいわれたコロナ禍もまた、自分の生き方・考え方を見つめ直すいい機会になりました。

戦時中でもないのに緊急事態宣言が出て、「外に出てはいけない」「人に会ってはいけない」なんて、生まれて初めての経験でした。

多くの人にとって、コロナ禍はライフスタイルの強制リセットになったのではないでしょうか。私もそうなったひとりです。

私が運営するエクササイズのスタジオも一時的に閉鎖せざるを得なかったので、思いがけず膨大な自由時間が転がり込んできました。

「仕事がないと不安」という呪縛から解放されました

いちばん驚いたのが、コロナ禍でスタジオのクライアントさんたちの予約が次々にキャンセルとなっても、さほど不安に感じなかったという点です。

個人事業主や自営業の方には、多かれ少なかれ同じような感覚があると思うのですが、お金うんぬん以前に予約のキャンセルが相次ぐこと自体が、メンタル的に大きなダメージになります。

自分の腕が落ちたとか、お客さんの間で評判が下がったとかいう理由ではないとしてもです。

コロナ以前、私は自分がメンタル的に強い人間だと思い込んでいましたが、それでもスケジュールが空いていると、自分が求められていない気がして不安になることがしばしばありました。

スタジオの予約枠は常にびっしり埋まっていないと、自分がダメになっていくような脅迫観念がずっとあったのです。

ところがコロナで本当に強制リセットとなり、日々のスケジュールは真っ白になりました。

朝起きても何もすることがなく、最初のうちは茫然《ぼうぜん》としていました。

でも、そこは切り替えの早い私のことです。これまで「時間がない」を理由に先延ばしにしていた不用品の整理を、この機会にやってみようと思い立ちました。

まずは写真を整理しました

最初にとりかかったのは、写真を整理することです。

写真というのは、すなわち「過去の自分」ですよね。私は執着心がさほど強くなく、特にイヤなことは忘れるようにしてきたので、自分には苦い過去の思い出などないと思い込んでいました。

だから、写真にもさほどの思い入れはないつもりでした。

7年前に今の団地に引っ越してきたとき、大量の写真を処分しています。

ところがいざとりかかってみると、思いのほかたくさんの写真を手元に残していることに気づきました。やはり自分で思っているほど簡単に、過去への執着はなくせるものではないのだなと感じました。

それと同時に、これから本当に前を向いて生きていきたいのであれば、私の人生において大転換点になるであろうこの時期に、バッサリと処分すべきではないかとも感じたのです。

写真を見て少しでもイヤな気持ちになったら処分することにしました

昔の写真を見ているとき、心は当時にタイムスリップしますよね。

写真に写っている私は、一見するといつも幸せそうに笑っています。

でも実は、写真を撮るから一応笑顔をつくってみただけ。その直前に誰かに何か言われてちょっと傷ついたんだっけ、などと思い出してしまうことはありませんか？

私自身は、わりとそう感じる写真が多かったです。

家族全員がそろった記念写真だから、数年に1度の同窓会で会った人たちと撮った写真だから、といった理由で、自分の感情はさておき後生大事にしまっておいたのです。

また数ある写真の中には、なんの感情も湧かないものもありました。楽しかったかと聞かれれば、楽しかったかもしれないけれど、あの程度の楽しさなら今でもしょっちゅう経験しているわ、みたいな。

そんな写真をとっておくことにあまり意味はないように感じられたので、処分の対象にしました。

申し訳ないのですが、誰かの結婚式のスナップ写真などは、その典型だと感じます。とにかく数が多い。しかも似たようなアングル、似たような人ばかりが写っているんです。

さらには旅先の風景写真。「せっかく来たんだから撮っておかないと」と思って撮影したそれらは、今見ると別に面白くもなく、ましてや芸術的でもなく、この先も保管しておく必然性がまったく感じられません。

そこで整理をした結果、写真の量はそれまでのアルバム5冊から、1冊だけに減らすことができたのです。

残す写真を選ぶ基準は、次の三つです。

①誕生日やクリスマス、運動会などのイベントの写真は全員が写っているものを1枚だけ

②私がいなくなったあと、3人の子どもたちが見て「お母さんらしいな」と思ってくれそうなもの

③私自身の写真写りがいいもの

このいずれかに当てはまっている写真は残す。ただし、アルバムは1冊に限定して、それ以上にはならないようにしました。

基準をはっきりさせたことで迷うことなく、残すべき写真を選ぶことができました。

洋服も大量に整理しました

洋服が処分できなくて収納に困っているという声をよく聞きます。

私はファッションが大好き。着道楽なので、かつて広いマンションに住んでいたときは、服が山ほどありました。

以前は収納しておけたのでたくさん洋服があっても問題なかったのですが、引っ越し先が狭くなるたびに処分せざるを得なくなりました。

セールで買ったような服なら処分しやすいのですが、高価な服ほど処分しづらかったです。

ヴェルサーチェのコートとかアルマーニのスーツなど、バブルのころに買ったものがたくさんあり、手放すのにはなかなか勇気がいりました。

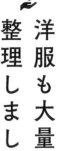

でも洋服というのは、本当に時代の空気を端的に表しているんですよね。

どんなに仕立てがよく生地も素晴らしく、服自体は美しかったとしても、時代の空気に合っていないと何か変なのです。

私の場合、個性的な服を好んで着るので、余計にそう感じます。

結局、あるとき思い切って全部資源ごみとして出すことにしました。

どんなに胸が痛むだろうかと思っていたら、自分でも拍子抜けするほどなんの感慨も覚えず、すんなり処分できてびっくりしました。


以来、洋服は新陳代謝が大切と、いつか着なくなることを覚悟して買うようになりました。

コロナ禍のときも時間があったので、クローゼットを総点検してもう着ることはないだろうと思われる服を何着も処分しました。

すると、「これでまた一つ身軽になれたわ」とうれしい気分になったのです。

ひとり暮らしは寂しくありません

コロナ下ではものを整理・処分したほかにも、やりたいことをとことんやってみることにしました。

読みたいだけ本を読んだり、好きなだけアクション映画を見たり……第6章・7章でお伝えしますが、家の中の模様替えや必要な備品づくり(飾り棚など)、アクセサリーづくりなどにも精を出しました。

時間に余裕がなければ、なかなか手が出せないことを積極的にやってみたのです。

そのときにいちばん強く感じたのが「ひとり暮らしって本当に自由なんだ！」ということでした。

時間も自由、空間の使い方も自由、食べ方も自由。生活のすべてを自分の思い通りにハンドリングできるのですから。

自由をこよなく愛する私にとって、これほど幸せなことはありません。

女性の中には、ひとり暮らしをしたことのない方も多いと思います。「いつかひとりになったらどうしよう」と不安を感じている方もいらっしゃることでしょう。

でも、大丈夫です。ひとり暮らしは、少しも怖いことではありません。

こう言っては身も蓋もないのですが、人間、生まれるときも死ぬときもひとりです。怖いも何も、生まれてくるときに「ひとりきり」をすでに経験しているわけです。

最初のうちは寂しさや心細さを感じるかもしれませんが、やがてひとり暮らしの楽しさやひとりの時間がもたらす豊かさに気づくことができるようになるでしょう。

自分の「見た目」を気にしてみましょう

年齢を重ねるにつれて、見た目を気にしなくなる人が増えますよね。「もうこんなにし

人間関係
食事
睡眠
健康
メンタル
ファッション
インテリア
パソコン

わくちゃのおばあちゃんになっちゃったから、オシャレをしても仕方がない、楽なのがいちばん」なんて。

そんなことを聞くたびに「もったいないな」と思ってしまいます。

だって、今は世の中に、廉価できれいになれるものがいっぱいある時代だからです。

私たちが若かったころは、マツキヨもユニクロもしまむらもありませんでした。廉価な化粧品も、ちょっとオシャレなのに廉価な洋服やバッグも存在しなかったんです。

せっかく、安くてシャレたものが手に入るのです。年をとって若いころと容貌が違っているのは事実ですが、年齢相応のきれいさを持ち続けたいなと私は思います。

そのほうが楽しいですし、モチベーションも上がります。

そうはいっても、女性はまだいいのです。オシャレに意欲を失わない人の割合は決して低くはありませんから。

私はむしろ男性のほうが気になります。もっと自分に興味を持って、自分に似合った服を身に着ければ、ずっと魅力的になるのに、と思うのです。

もしもファッションを変える勇気がなければ、歯をきれいにしてみるといいのではないでしょうか。

まわりの人にいい印象を与えますし、自分自身も快適でいられます。自信も持てるようになるでしょう。

男女を問わず、いつまでも自分の見た目を気にすることで、若々しさが保たれ、生きる張り合いにつながっていくと思うのです。

イヤなことがあったら笑う、そして好きなことをします

私のレッスンに来られる生徒さんの中には、最初のころ顔が強張《こわば》っている人もいます。「この方、何か気を悪くしたのかしら？」「それとも、怒っているのかしら？」と思ってしまうくらい表情が硬いいんです。

そういう人でも2～3か月もすれば表情がやわらかくなり、自然に笑顔が出るようになっていきます。

そこで私は、レッスン中に何度も「さあ、大声で笑ってみましょう！」と声かけするようにしています。

とにかく笑ってみる。面白いことなんてなくても、声に出して笑ってみてください。

こうして文字にすると「何、それ？」とヘンに思われるかもしれませんが、実際にやってみると効果絶大です。

とにかく笑うことによって、「楽しさ」とか「面白さ」が運ばれてくるようになるからです。楽しさや面白さを感じとるスイッチが入るみたいな感じでしょうか。

だから、もし漠然とした不安に襲われたり、イヤなことを思い出したりしたら、鏡の前に立って、とにかく声を出して笑ってみることをオススメします。

もう一つ、好きでたまらないことを持つというのも大事なことかなと思います。

私を知る人は、私に対して元気な人というイメージが強いようですが、それでもちょっとメンタルが落ちていると感じるときはあります。

そんなときは大好きなアクション映画を見ることにしています。ハラハラドキドキしながら2時間ほどを過ごして映画が終わったときには、あら不思議。またエネルギーが充満した自分に戻っているのです。

あなたには何か時間を忘れて、没頭できるような楽しいことはありますか？

あったら、ぜひそれを大切にしてくださいね。

年金月額5万円、死ぬまで働く覚悟はできています

私は年金を受給しています。

その金額は月5万円。普通に考えて、不安になりそうな金額ですよね。

でも実は私、ちっとも不安を感じていないんです。きっと自分はなんとかなるだろう

人間関係　食事　睡眠　健康　メンタル　ファッション　インテリア　パソコン

と思っているからです。なんともならなかったら、なんとかするしかありません（笑）。

私はまわりの人たちに「死ぬ1週間前まで仕事をする」と宣言しています。そう考えると怖いものなんてなくなります。

ここまで腹をくくることができたのも、裕福な暮らしという天国から、ほぼ無一文になる地獄の経験をしてきたおかげでしょう。

いいことばかりではなく、つらいこと苦しいこともたくさんありましたが、それが今の私のメンタルをつくってくれたのだと感謝しています。

第6章 ファッション

既製服もアレンジして
オシャレに着こなします

人と同じ無難なものは着たくないんです

私のファッションについてのポリシーは、「個性的であること」。ファッションは、「自分をもっとも自分らしく見せる手段」だと思っているからです。

「三つ子の魂百まで」といいますが、思えば私はもの心がついたときから「こんな服が着てみたい」と思うような子どもでした。

当時の阪神間の女の子の服といえば、「ファミリア」に代表される上品なものがメイン。私の母もオーソドックスなのがいちばんと考える人だったので、ファミリアを参考に服をつくってくれました。

そう、当時はまだ子ども服ブランドは少なく、洋裁のできる母親が多かったので、たいていの家では母親が仕立てた服を着ていたと思います。

実のところ私は、母が縫ってくれる上品で子どもらしく見える服を「この服、なんか違う」と思いながら着ていました。

私の子ども時代といえば、昭和30年代です。

まだ日本にさほど欧米のものが入ってくるような時代でもなく、海の向こうのファッションにまで興味を持つような年齢でもありませんでした。

独学で洋服をつくれるようになりました

1964（昭和39）年には全世帯の9割がテレビを持つようになり、それにより欧米文化が入りやすくなってきました。

それまで日本の狭い世界しか見たことのない私には衝撃なことが多かったです。

特に衝撃的だったのは、「ビートルズ」とモデルの「ツイッギー」です。

ビートルズが来日したのは1966（昭和41）年のことでしたが、初めてマッシュル

人間関係
食事
睡眠
健康
メンタル
ファッション
インテリア
パソコン

ームカットの男性を見て、私だけでなく多くの日本人はビックリ仰天したのではないでしょうか。

「男は男らしく」が規範だった時代に、マッシュルームカットに代表される自由さは格別なものがあったと思います。

それ以上に私にとってインパクトが強かったのが、1967（昭和42）年に来日したモデルのツイッギーでした。

ツイッギーとは英語で「小枝」を意味しますが、それこそ小枝のように細い18歳の少女モデルが来日したのです。

彼女は世界で初めて太ももが見えるミニスカートを考案したイギリスのデザイナー、マリー・クワントの専属モデルで、ミニスカートからすらりと伸びた細い脚は可憐《かれん》そのものでした。

それまでの「美しい女性はふくよかなもの」「できるだけ衣服で肌を覆うことがつつましい」とされた女性美の概念を覆す存在だったのです。

若かった私は、その斬新《ざんしん》さにすっかり心を奪われました。

そして、これを機に日本のファッション業界に、新風が吹き荒れるようになりました。

三宅一生（イッセイ ミヤケ）や髙田賢三（ケンゾー）など、ファッションの本場パリに渡ったファッションデザイナーが大活躍し、強烈な個性を持った川久保玲（コム・デ・ギャルソン）など、それまでには見たこともないような洋服をつくるデザイナーたちが多数登場するようになったのです。

オシャレが好きで、人とは違うものを着たい私にとっては、憧れ以外のなにものでもありませんでした。

とはいえ、それらのデザイナーズブランドの服は、高校生の私の身には高価で、おいそれと買えるものではありません。

当時のわが家は裕福ではありましたが、基本的に質実剛健を旨としていたので、娘の奇抜な服にお金を出してくれるような両親でもありませんでした。

しかし、のちのち考えると、この制約が「工夫してなんとかしちゃう」という私の基礎をつくりあげることにつながったのです。

それまで洋裁や編み物、手芸などは一切習っていませんでしたし、あまり興味を持ったこともありませんでした。

ただ、母がなんでも手づくりする人だったので、なんとなく洋服の組み立てとか、型紙はこうつくるみたいなことを目にしていて、少しはわかっていたのですね。

気に入っていた洋服を洋裁の製図紙の上に置き、前身ごろや後ろ身ごろ、袖、襟、スカートなどのパーツを写しとって切り抜き、型紙状のものをつくりあげました。

型紙ができたら、それを実際の布の上に置いて裁断します。

実際の服には、縫い目を細かくして立体的に仕上げているところなどが随所にあるのですが、私の場合、そこまで頭がまわらないので、できあがったものは平面的で〝奴凧《やっこだこ》〟みたいなものになってしまいました。特に、襟は難しかったです。

そこで失敗に学び、次は襟を首のカーブに合わせるようにして、しかるべき場所に細かい縫い目を入れて縮めてみたら、今度はうまくフィットしました。

そんなふうに一つひとつトライアル&エラーを繰り返しながら、大学生になるころには、そこそこ満足のいく服がつくれるようになったのです。

結局、大学時代の服はほとんど自分でつくっていたと思います。

セールのときにイッセイ ミヤケやケンゾーなどのブランド服を買ってきて、あちこち縫い目を裏返してカッティングを研究し、それをアレンジした型紙を起こしてつくっていました。

ファッション誌もよく参考にしました。「スタイルブック」とも呼ばれた洋裁雑誌、特に服飾専門学校・文化服装学院を運営する文化学園の系列である文化出版局が発行する『装苑』が大好きでした。

つくり手の熱量の高さが伝わってきて、センスも抜群。当時のファッション誌は本当に素敵だったと思います。

ちょっと愚痴めいてしまいますが、今の服はあまり個性が感じられませんよね。消費者が没個性を望んでいるのかな？　と感じたりもします。

でもごくオーソドックスな服でも、工夫一つで自分の個性を際立たせる服に変身させることは十分可能です。いえ、むしろオーソドックスな服であればあるほど、バリエーションは豊富につけられるのかもしれません。

白の長袖シャツ3枚を常備しています

私はあれこれ着まわすのが好きなので、「洋服をたくさん持っているのね」と言われることがありますが、そんなことはないんです。

そもそも1DKの団地住まいで、収納スペースは1間半のクローゼットがあるだけ。さほど収納スペースが広くないので、たくさんの服を持つことができないのです。

だから数をたくさん持つことよりも、1着の服を服の組み合わせやアクセサリー、ス

白い長袖シャツ３枚は私の常備服です。ちなみに左は5000円（ZARA）くらい、真ん中は奮発して２万円（DIESEL）くらい、右は980円（ノーブランド）です

トールなどで変化をつけられるよう工夫を凝らします。

そんな私にも、「ここだけは譲れない」という服に対するこだわりがあります。

こだわりの一つ目が、真っ白なシャツです。私のクローゼットには、3枚の白シャツが欠かせません。いろいろと着こなせて登場回数が多いので、洗い替えも含めると3枚は持っていたいのです。

白いシャツって体に合っているとこの上なくかっこいいのですが、合わな

After　　Before

裾を結んでひと工夫しています。普通に着るとこう【右】ですが、ちょっと工夫すると【左】、こんなに見た目が違います！

いとなると、とことんダサくなるアイテムだと私は思っています。

しかも、似合うシャツって本当に少ないというシンプルにして奥深いアイテムなんです。

ちなみに厳選した3枚の白いシャツはすべて長袖です。そのほうがいろいろアレンジしやすいからです。

3枚の白シャツの中にはシンプルなものもあれば、ちょっとひねりのきいたデザイン性のあるものもあります。

そして、たいていの場合、そのま

ま着ることはありません。

袖の部分を体に対して斜めに結んでアクセントとして使ったり、片袖だけを通してもう片袖は体に巻きつけてみたり……「よくそんな着方を思いつきますね」と驚かれることも多いです。

こうして日々のファッションにクリエイティビティを発揮することも、ボケ防止につながっているのかもしれません。

コートだけは高くてもいいものを買う

ファストファッションを愛用したり、既製服に手を入れて自分流にアレンジしたり、アクセサリーを手づくりしたりと、基本的に服にはあまりお金をかけていません。

でも一つだけ例外があって、そこにはお金をかけていいというマイルールを決めています。

それは冬のコートです。一点豪華主義といえるかもしれません。

コートを選ぶ時期も秋と決めています。というのも素敵なコートは冬が来る前に売れてしまうからです。

コートが店頭に並ぶ時期になると、お気に入りの店を見てまわり、いちばん気に入ったものを買います。

なぜコートの一点豪華主義なのかというと、冬の間、中に何を着ていようと、外から見えるのはコートだけだからです。着ている時間がほかのアイテムに比べて圧倒的に長いんですよね。

しかも、外出中は常に自分の目にも入ります。

だからこそ、着るたびに豊かな気持ちになれるコートを選びたいと思うのです。

ひと目ぼれして買ったコートで、後悔したことは一度もありません。

買ったときは高いと思っても、その分品質がよく、丈夫で縫製もしっかりしていて着るたびにいい気分になれます。

「私、このコートを買うために頑張ったんだよね」と毎回、確認できるのも励みになっています。

でも、毎年コートを買い続けていると、クローゼットがパンクしてしまいますよね。そこは心配ありません。変化が好きで変わることに恐れを抱かない私なので、「もうこのコートは時代の空気に合わない」と感じたら未練なく処分できるからです。どんなに高くても、どんなに品質がよくてどこにも傷みがなくても、時代に合わなくなったらもう袖を通すことはありません。

人様に差し上げることもしません。自分がいらなくなったものをあげても、相手が困るだけだと思うからです。

私の伯母《おば》にオシャレな人がいて、使わなくなった一流ブランドのスカーフなどをよくもらっていたのですが、趣味が合わず一度も使ったことがありませんでした。

その経験があるので、「もったいないから」という理由でどなたかに差し上げるということはしないようにしています。

すべてのアイテムにスチームアイロンをかけています

服の着こなしで、私がいちばん大切にしているのが「清潔感」です。

コートなどの例外を除き、ほとんどの服は1回着たら必ず洗濯します。

そして、必ずアイロンをかけるようにしています。あまり伸縮性のない布帛《ふはく》（縦糸と横糸で織られた布）の服だけではありません。

Tシャツもアイロンがけをしますし、セーターにもかけます。というか、ニット素材こそアイロンが必要だと思っています。

それもスチーム機能のあるアイロンを使います。

ニット素材は着ているうちに圧縮されて毛が寝たりふくらみがなくなったりしますが、それを復活させてくれるのがスチームアイロンなのです。

スチームをあてることで寝ていた素材がふわっと立ってきて、新品同様になります。

私の持っているスチーム機能のついたアイロンは、特殊なものではありません。流行りのコードレスでもなく、値段は2000円しないくらいの安価なものです。

今までいろんなアイロンを使ってきました。高いものもありましたし、コードレスを使ったこともあります。

でもいろいろ使った結果、電源コードありのごくベーシックな機能しかない安価なもので十分という結論に達しました。

コードレスは一見すると使いやすそうですが、すぐに温度が低くなってしまうので、温度を上げるために頻繁に休めなくてはならず、かえって使いづらかったです。

アイロンがけが嫌いという声をよく聞きますが、せっかくならより清潔感のあるオシャレを楽しみたいですよね。

そのためのスチームアイロン、オススメです。ぜひ試してみてください。

ユニクロのセーターをアレンジしています

既製品に手を加えて自分流にアレンジするのも、私の得意とするところです。数々のアレンジ品の中でも、まわりの人に評判がよかったのがユニクロのカシミヤセーターのアレンジです。

ちょっと薄手ではありますが、カシミヤにしては値段が手ごろで、形がベーシック。色も豊富なので、アレンジのしがいがありました。

リメイクの仕方はとても簡単です。用意するものはハサミとセーターに合った色と太さの毛糸のみ。毛糸は100円ショップで売っているもので十分です。

なんの変哲もないVネックのセーターを体に巻くように着用する、オシャレなカシュクールに早変わりさせるというわけです。

Vネックセーターのアレンジ方法

1 Vネックセーターの真ん中を切って前開き状にします

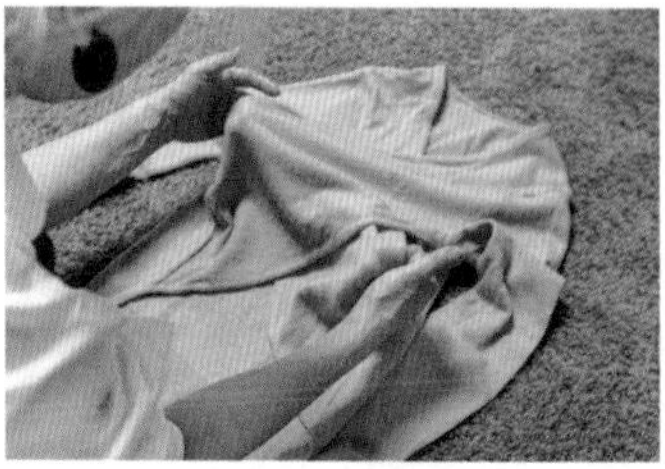

2 左右の前身ごろを交差させ、毛糸でかがって固定します

カシミヤセーターはユニクロの商品としては高額ですが、他社の製品はもっとお高いですよね。私としては、比較的安く、オシャレなリメイクが楽しめるのではないかと思います。

もちろんユニクロのカシミヤセーターでなくてもいいんです。「お気に入りだけど、ちょっと飽きちゃったわ」というセーターで試してみてはいかがでしょうか。

After　Before

ネックラインがつまったデザインのレース編み風ニット【右】をざっくり切り、襟ぐりを処理して自分流にアレンジ【左】しています

既製服をいろいろとアレンジ、手づくりしています

ほかにもいろいろアレンジした服があります。

編み地と色が好みだったざっくりニット。ただし、私にはネックラインがつまりすぎていました（右上の写真）。そこで、ネックラインをざっくりと切り、襟ぐりの処理をして私好みにリメイクしました。

After　Before

ワイドパンツ【右】がベアトップ【左】に大変身！
スムース素材のワイドパンツをベアトップの部屋着として着ています

スムース素材のワイドパンツは、身長158cmとあまり背が高くない私には長袴《ながばかま》のようになる長さでした（右上の写真）。

そこでパンツの股下の縫い糸をほどき、左右の内またの部分を途中まで縫い合わせ、前後にスリットの入ったスカート状にしました。

長すぎるくらい長かったので、ウエスト部分を胸まで持ってくるように着てみたら、素敵なホームウエアになりました。

スコットランドの伝統的なデザイン、

「袖＋マフラー」を柄違いでつくったダブルタータン

片端は袖、もう片端は首に巻いてマフラーにします

タータンチェック（格子柄）のダブル使いが私は大好きです（上の写真）。

そこで思いついたのがこれ。タータンチェックの布を「袖＋マフラー」の形になるように切って縫いました。

2種類の柄でつくって、それぞれを左右の腕につけ、マフラー部分を首に巻いたら、世界で唯一のダブルタータン使いが実現できました。

アクセサリーもほとんど手づくりです

材料1000円で自作したボレロ

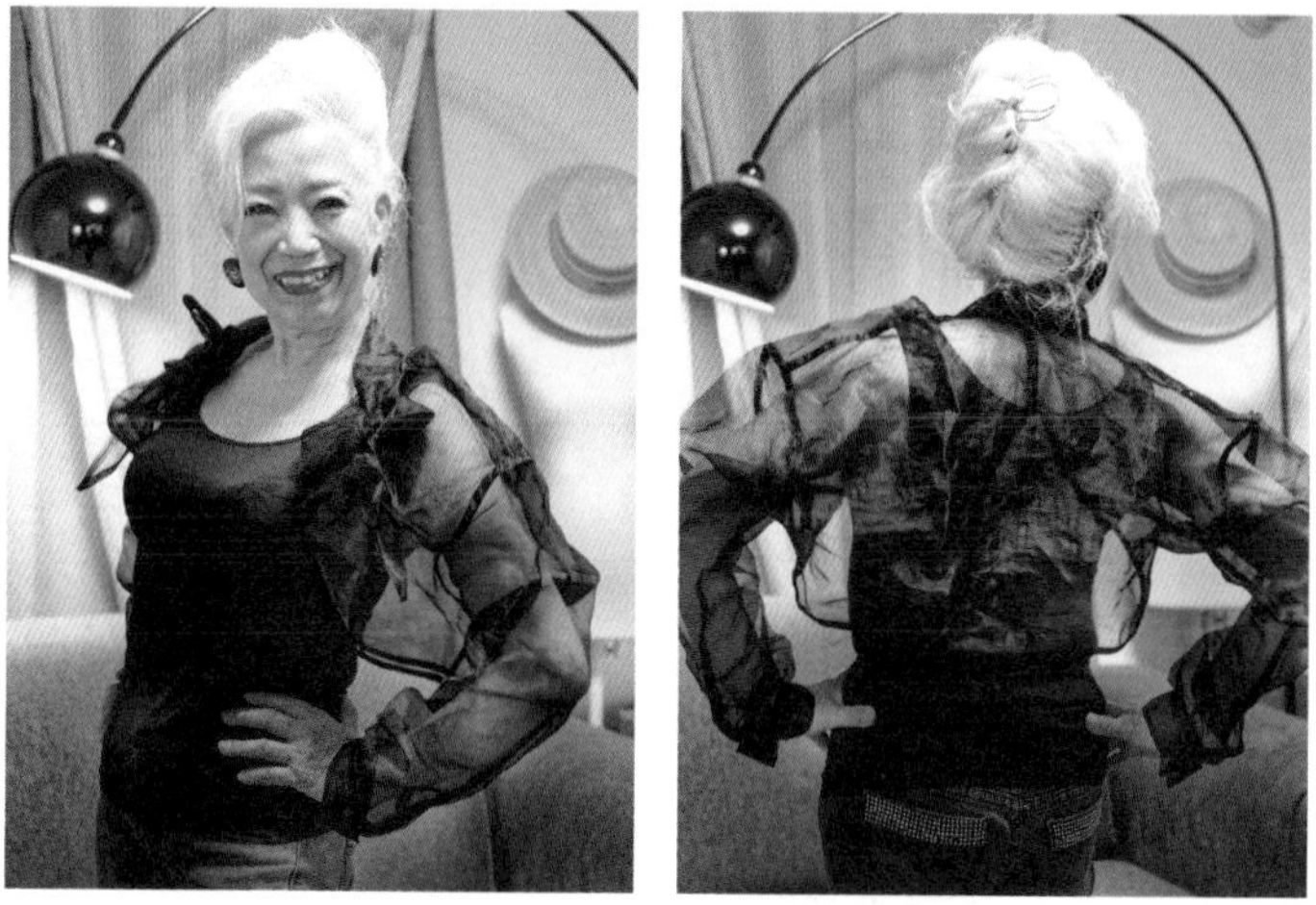

1000円程度のポリエステルオーガンジーの生地を買って自作したボレロ。夏場のちょっとした冷房対策にも役立ちます

私はアクセサリーも、ほとんどを手づくりしています。

最近つくっていちばん重宝したのが、昔、結婚するときに母が持たせてくれた礼装用の上着、道行コートをほどいてつくったロングネックレスです。

とても上質なシルクなので、「これは有効に使わなければ！」と思ってつくったものです。

つくり方をご紹介します。

ロングネックレスのつくり方

材料

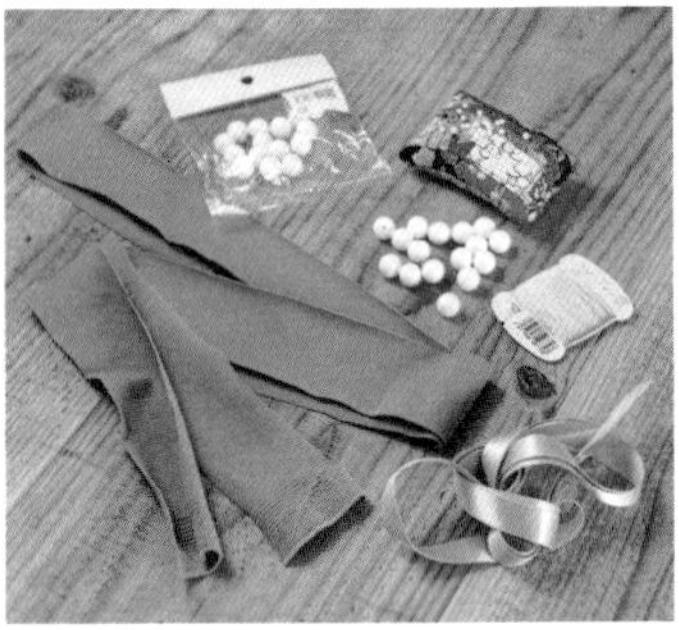

①幅5㎝くらいのひも状にした布
②発泡スチロール製の真ん中に穴が開いて糸が通せるようになっている直径1.2cmくらいのビーズ
③布の色に合った色の糸と、縫い針
④ネックレスの端につける、ネックレスと相性のいい色のリボン50㎝×2本

つくり方

1 ひも状にした布をはいでつなげます

2 長くした布を中表に折り、細長い筒状になるように縫います。端から端まで縫えたら外表になるように裏返します

3 筒状の布にビーズを入れていきます。長さがあるので、真ん中から左右に分けて作業するとやりやすくなります。針に糸を通し、2本どりにして糸端に結び玉をつくり、次ページのイラストにあるように筒の真ん中に入れたビーズの端をくくっていきます。ビ　ズの丸い形がしっかり出るように布に糸を5回巻きつけたら、針をビーズに通して布の表に出します

4 再び5回巻きつけてくくったら、結び玉をつくって固定し、次のビーズの中を通して針を布の表に出します。3～4を繰り返して片側の端までくくり終えましょう

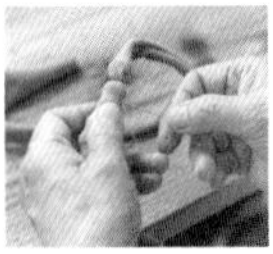

5 片側が終わったらもう一方の端からビーズを入れていき、3～4を繰り返します

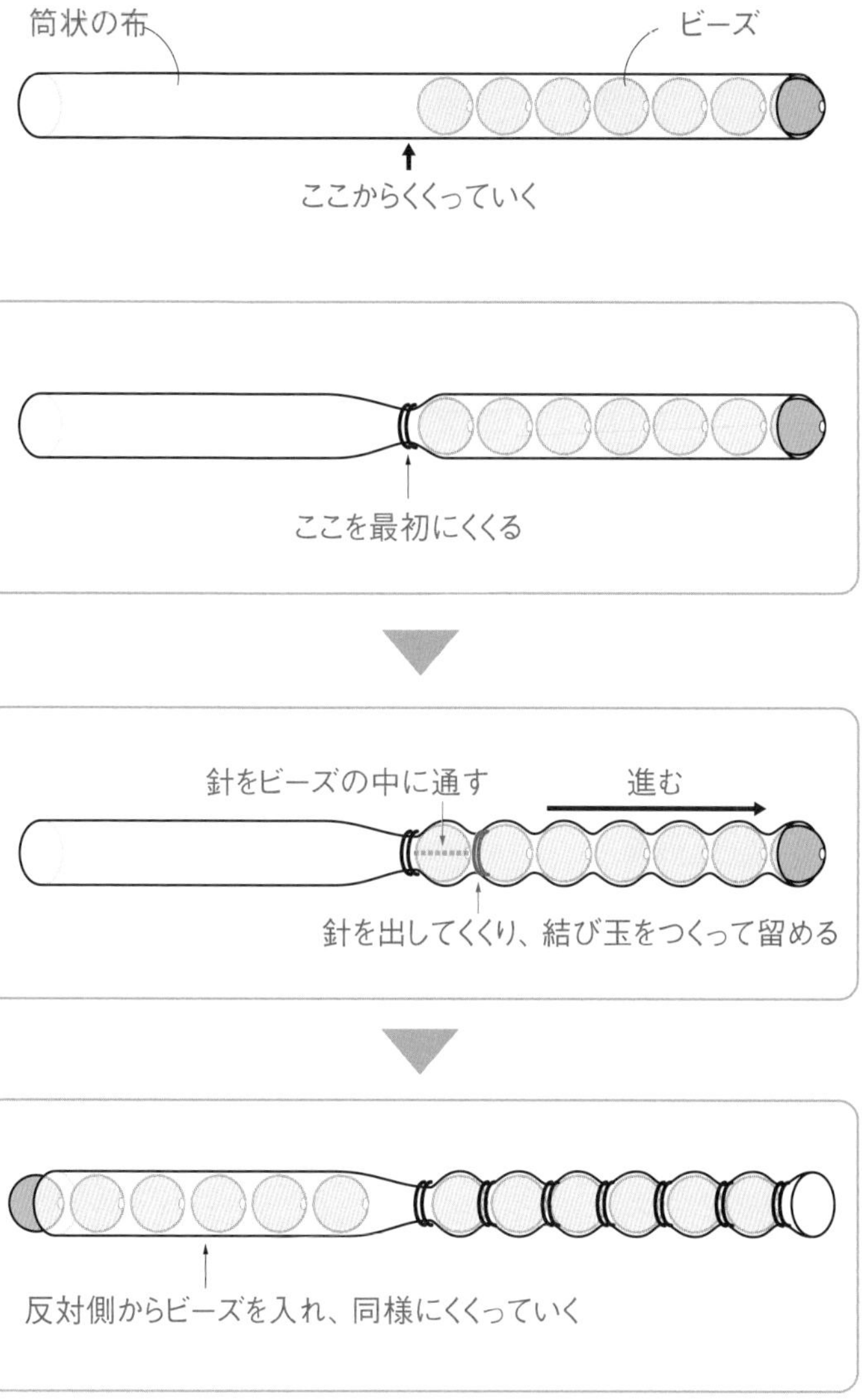
筒状の布
ビーズ
ここからくくっていく
ここを最初にくくる
針をビーズの中に通す
進む
針を出してくくり、結び玉をつくって留める
反対側からビーズを入れ、同様にくくっていく

こうして私は2mくらいの長さのネックレスをつくりました。

長さがあるので、輪にしても首に何重にもまわしかけることができますが、私はより短く首にフィットさせた使い方をしたいと思い、両端に色合いのあったリボンを縫いつけ、長さの調節ができるようにしました。

これが冬場のファッションに意外に役立つのです。私はタートルネックを着る習慣がないのですが、このネックレスがぴったりと首元を覆ってくれて、とても温かく過ごすことができます。

手づくりのロングネックレスとあわせてつくったイヤリングです

あわせてイヤリングもつくりました

ネックレスが思いのほかうまくできたので、これにあわせてイヤリングもつくってみたくなりました。

大ぶりのイヤリングがいいと思っていたので、よく行く手芸店でプラスチックの大きな丸いパーツを見つけたときは、思わずガッツポーズをしてしまいました。

円盤状になっていて布を二つの円盤の間にパチッと挟めばOKというものです。これでネックレスにぴったりのイヤリングができました。

アクセサリーの材料は常備しています

手芸が好きなので、「あとあと何かに使うかも」と思うものは、手芸店に立ち寄ったときに買っておくようにしています。

私の場合、普通の人があまり手を出しそうにないものを好むためか、売れ残りのセール品のコーナーで、破格の安値で買えることが多いんです。

人間関係
食事
睡眠
健康
メンタル
ファッション
インテリア
パソコン

オレンジとターコイズブルーのタッセル（房飾り）は、一般的な感覚からするとちょっと派手ですよね。

でも私は大好物なので、迷わずゲット。自宅にストックしてあるほかのビーズや金具を使ってチャチャッとピアスにアレンジしてしまいました。

アクセサリーをつくるのは難しいと思っている人が多いかもしれませんが、実はやってみると道具も少なくてすみますし、とても簡単なんです。

興味がある方は、スマホで「ピアス　つくり方」などで動画検索してみてください。懇切丁寧な解説動画がたくさん出てきますよ。

せっかく素敵な洋服を買ったのに、それに合うアクセサリーがないということが、よくありますよね。なかなかぴったりなものが見つからないし、あったとしても高いし。

自分でつくることができれば、その悩みが解決できます。

今や100均にアクセサリー材料がたくさん売っている時代です。アイディア一つで、お好みのアクセサリーが簡単につくれてしまいます。

スニーカーからピンヒールまで履きます

今、若者の間でスニーカーが流行っています。そして、どんな服にスニーカーを合わせてもおかしくない、というのが常識になっています。

私もスニーカーは大好きです。オシャレなのがいっぱいありますし、何よりもどんどん歩けちゃいますから。

だからといって、私には靴といえばスニーカー一択という考えはまったくありません。

頭から足先までトータルで楽しむのがオシャレだと思っているので、服に合わせて靴も変えたいと思うからです。

ハードなファッションをよくするので、ワークブーツやスタッズ（金属製の飾り鋲《びょう》）の入った激しめロックテイストのブーツもよく履きます。

エレガントなドレスに合う9㎝の高さのピンヒールも持っています。

これを言うとびっくりされるのですが、ドレスアップしたときの9㎝のピンヒールは自宅から履いていきます。パーティー会場まで別の靴を履いていき、そこで履き替えるようなことはしません。

だって家を出るときからドレスアップした気分を楽しみたいじゃないですか。

この「9㎝のピンヒール」こそが、私という人間を象徴しているのかもしれません。

ある意味、今の体力や体形、筋力を維持する原動力が「いつまでも9㎝のピンヒールを履き続けたい」ということですから。

どこまでも「ええかっこしい」なのかもしれませんね。

第7章 インテリア

DIYって、やってみると意外と楽しいんです

初めて選んだ部屋の壁は「コルク」でした

初めて自分の部屋を持たせてもらったのは、もう60年も前のこと、小学校高学年のときでした。

当時、父の会社の経営がどんどん上向きになってきて、木造の家から鉄筋コンクリートの家に移り、リビングにはピアノやマントルピースが入りました。

家が豊かになっていくというよりも、子どもである自分が1年1年成長していくように家も成長していくんだろう、くらいに思っていたのですから、ぼんやりした子どもだったのだと思います。

自分ひとりの部屋を持つということで、壁紙を選ばせてもらえることになりました。今、考えるとありがたいことですよね。

母はただ父に従う人だったので、インテリア好きな父が主導して、珍しく「ここはひとつ、娘の好きにさせてやろう」ということになったのでしょう。

当時としては、とても珍しかったコルクの壁紙を選びました。

私の少女時代といえば、欧米文化を何よりも尊ぶ時代です。一般的な女の子であれば、ピンクの花柄の壁紙などを選ぶのでしょうが、私には当時から「少女趣味なものは自分に似合わない」という思いが、なんとなくありました。

で、コルクの壁紙です。けっこうな金額だったらしく、父に「ジュンコはずいぶん高いものを選ぶんだな」と、まんざらでもなさそうに言われたことを覚えています。

これが私のインテリア初体験で、部屋ができあがっていくのがうれしくて、しょっちゅう工事中の部屋を覗《のぞ》きに行ったことを今でも覚えています。

床は、これまた当時最先端だった「敷き込みカーペット」です。コルクの壁色に合わせて、茶色とベージュの中間のようなシックな色を選びました。

ただ一つ残念だったのが、デスクの色です。

これで木目が透けて見えるような塗りのデスクだったら言うことなしだったのですが、父が大手オフィス家具メーカーの役員を兼任していた関係で、味気ないグレーのスチールデスクにされたのです……。

当時、個室を持たせてもらえて、しかも内装を好きにさせてもらえる子どもはそう多くなかったと思うので、その点は感謝を惜しまないのですが、すでに「色は質感を合わせる」ということに美意識を見出していた私には、残念な出来事でした。

結婚してからも部屋の模様替えは自分でやっていました

小学校高学年で自分の部屋を持つようになってから、お気に入りの小物を飾ったり模様替えをしたりはしていましたが、若くてほかに楽しいことがたくさんあったので、学生時代はさほどインテリアに興味を抱いていませんでした。

インテリア好きが本格的に顔を出すようになったのは、結婚して自分の家庭を持ってからのことです。専業主婦で家にいる時間が長かったので、自分の好みの空間をつくりたいと考えるようになったからです。

すでに序章でリビングの収納棚の扉の裏側が気に入らず、色を塗ったお話はしましたよね（31ページ参照）。一事が万事、あんな感じでした。

「ここをこうしたい！」と思ったら即実行してしまうのです。特に模様替えは自分でよくやりました。

独身のころからやっていたので、模様替えはお手のものでした。元夫は「そこにあるものをなぜほかの場所に持って行く必要があるんだ？」と考える人だったので、家具を動かすのを頼むつもりはありませんでしたから、それも自分で動かしました。

「家具って女性でも動かせるの？」と驚かれることがありますが、よほど重厚な素材でも使っていない限り、女性ひとりで動かせるものがほとんどです。

コツは中身を出してしまうこと。

たとえばタンスだったら、中の洋服を全部出すとか、食器棚なら食器を、本棚なら本を全部出してしまえば、家具自体はそう重くはないです。

子どもが生まれてからは、ＤＩＹ（日曜大工）で、簡単なものを手づくりするようになりました。

哺乳瓶やおむつをまとめて置いておく台など、あれば便利だなと思うものってたくさんありますよね。今なら市販品で便利なものがたくさんありますが、私が子育てをしていたころは、手づくりするほかありませんでした。

これが元夫には、大きなショックだったようです。お金ならあるんだし、手づくりなんてしみったれたことをする必要はないじゃないか、必要ならオーダーすればいい……みたいな考えの持ち主だったのです。

「男の自分ができないのに、女である自分の妻が木工までやっちゃうなんて、ちょっとおかしい」と思われたようです。

私の「すぐやる課」的な部分は、父によく似ていると思います。父も思いついたら、すぐに実行しないと気がすまない人でした。

とにかく今の自分のアイディアを形にしたい、実行したい、反映させないと気がすまないんです。

ある意味、ブルドーザーみたい。まわりの反対を押しのけてでもやりたいとなったら即やりたいのです。

母に苦労させたという点で父を恨んでいる部分はいまだにあるのですが、「ああ、父も私のようにやりたいことをやらずにはいられない性格だったのだな。私は父に似ているんだな」と思うと、愛しさも感じます。

実家が倒産して古く狭い部屋に引っ越して奮起しました

私の住まいに関する〝工夫力〟がもっとも発揮されたのは、父の会社が倒産して、それまでの広いマンションから親子4人で狭いアパートに引っ越してからのことです。当初は、心が打ちのめされていました。まさに〝都落ち〟の気分です。子どもたちには「今度の家はトイレからヘンな臭いがする」なんて言われて、申し訳ないやら情けないやら……。

お金の算段で夜、なかなか寝つけない日も多い中、それでも私の心にはどこか解放された気持ちがありました。

それは「これからは本当に自分の力で生きていかなくてはならなくなった」という覚悟からきていたのかもしれません。

思えば、それまでの人生はすべて親がかり・元夫がかりでした。たまたま裕福な家庭に生まれ、裕福な家庭に嫁いだだけのことです。

とても幸運なことではありましたが、逆にいえば私には自分の力だけで生きるチャンスが巡ってこなかったともいえます。

その点に思い至ったとき、私はこの古くて狭い部屋を、自分の力で少しでも快適にすることで、浮上していけるのではないかと思ったのです。

まさに自分の力を試すにはうってつけではないですか！　そう考えたらそのときのどん底の生活に、ちょっと希望の光が差してきたような気がしました。

壁一面を利用してクローゼットを手づくりしました

広いマンションから子ども3人とともに狭くて古いアパートへ転居したので、持っていけるものは限られていました。持っていくものの優先順位は、生きるために最低限必要な鍋釜類と食器、子どもの学用品と家族全員の着るものです。

この「着るもの」というのが、場所をとるんですよね。母親である私と中学生以上の子ども3人分。しかも、日本のように四季のある国では、その季節に合った衣服が必要です。

となると、それらを収納するスペースが必要になります。

でも、移り住んだ部屋には、収納といえば1間の押し入れがあるだけ。広々としたクローゼットなど望むべくもありません。

6畳間の和室に仁王立ちした私は、ふと思いつきました。

「もしかして、この6畳間の壁一面を全部クローゼットにしてしまうといいのでは？」

6畳間の壁の幅は2間《けん》あります。1間は約182㎝、2間で約3・6m。2間分の収納スペースがあれば、季節のものはもちろん、季節外のものも全部収納できると思ったのです。

当時、床から天井までの「突っ張りポール」というのが登場したころで、賃貸住宅に住む人の間で重宝がられていました。

その突っ張りポールを利用して、クローゼットスペースをつくったのです。

つくり方はこうです。まず突っ張りポールを3本買ってきて、壁の両端と真ん中に設置します。突っ張りポールを立てる位置は、壁から50～60㎝手前です。

さらに突っ張りポールの間を横に渡す物干し竿《ざお》のようなものを買ってきて、そこに布をカーテン状に下げて、目隠しにすることにしたのです。

これで壁一面の目隠しができました。目隠しの向こうがクローゼットで、そこに洋服を吊るして収納できるポールハンガーが数台。さらにカラーボックスを何個か買ってきて、洋服を畳んで入れ、タンス代わりに使うことにしました。

生活感を出すことなく、洋服を収納できるようになり、ちょっと気持ちが明るくなりました。

カラーボックスは大活躍してくれます

当時、カラーボックスの値段は、今より高かったと記憶しています。

今は一つ1000円くらいで買うこともできますが、当時は2000円くらいしたと思います。

人間関係
食事
睡眠
健康
メンタル
ファッション
インテリア
パソコン

それでも普通の家具を買うよりは断然安く、とても重宝しました。

子どもたち3人の手づくりデスクも、脚の部分にはカラーボックスを使いました。上にホームセンターで買った板を載せれば、立派な学習机のできあがりです。

出色《しゅっしょく》の出来と自分で思ったのは、カラーボックスを使った下駄箱です。

アパートには下駄箱が備えつけられていなかったので、自分で調達するしかありませんでした。

下の段が低すぎてとり出しにくいので、カラーボックスをレンガの上にのせ、開口部同士が向かい合うように50㎝くらい離して置きます。

離れて向かい合ったカラーボックスの上部と2段ある棚に、ホームセンターで買ってきた細長い板を渡し、正面から見るとカラーボックス二つの側面と、渡した板が見えるようにしました。

その時期に使う靴は見やすい正面の棚板に置き、季節外の靴は見つけにくくてもいいのでカラーボックス内に置くようにします。

さらに、いちばん上の板にはカーテンレールを渡し、園芸などで使う伸び縮みするメッシュ構造の「ラティス」をとりつけました。

ラティスのおかげで靴が丸見えにならず、ほどよく中が見えるのでとても使い勝手がよくなったのです。

押し入れを仕事机やミシン台として使いました

いちばん使いでのあったのが、1間の押し入れだったかもしれません。

まず押し入れの襖《ふすま》2枚をはずし、邪魔にならないタンスの裏に移動させます。

押し入れは奥行きがあるので、上段の手前側半分くらいをデスクとして使えるよう空けておき、ものを出し入れしにくい奥側にカラーボックスを並べて収納庫として使うようにしました。

押し入れの下段は、そのまま収納として使います。

上段のデスク部分にはパソコンを置いて事務作業をしたり、ミシンを置くスペースに使ったりしました。

ミシンって重くて置き場所に困るうえ、使う場合にはテーブルの上にスペースを確保しなければなりませんよね。

でも、私がつくった〝押し入れデスク〟なら置きっぱなしでＯＫ。その場で作業できるのでとても便利でした。

押し入れの内部は暗いため、スポットライトを買ってきてとりつけたので、明るさもバッチリです。

使いようによっては便利な押し入れですが、難点もあります。内部がシナベニヤ合板がむき出しで、見た目が悪いのです。

そこで私は、そのころ流行していたインド更紗《サラサ》などのエスニックな布を買ってきて、押し入れ内部のシナベニヤを覆い隠すように画鋲《がびょう》で留めつけました。

下段にはカーテンレールをつけて、同じくエスニックな布をカーテン代わりに吊って、中が見えないようにしました。

今思い出しても、なかなか素敵なコーナーだったのではないかと思います。

お金はなくても工夫次第で自分らしい部屋づくりができるというのは、私にとって大きな発見でした。

母子4人で住む古くて狭い部屋を自分なりに素敵にしたいと工夫に工夫を重ねているうちに、それに夢中になって自分の境遇をみじめだと感じることもなくなってしまいました。

それよりも「もっとこうしたら素敵になる」と考える余地のあることのほうがよほど楽しかったのです。

家はずっと賃貸派です

変化を好む私なので、家はずっと賃貸派です。自分の家を買おうと思ったことは一度もありません。

今の団地にはもう7年間住んでいます。1DK（ふた間）ですが、子どもがみな独立してひとり暮らしなので、十分すぎる広さです。

壁面をフル活用しています

団地住まいで唯一残念なのが、自由に釘を打てないことです。

私は壁面を飾るのが好きで、好きな絵を好きなだけ飾りたいのですが、賃貸だとそういうわけにもいきません。

そこで、またひと工夫です。壁全面とまではいかないまでも、一定のスペースを自由に使う方法を考え出しました。

使うのは突っ張りアジャスターと「壁の高さ−《マイナス》アジャスターの高さ」分の2本の支柱用木材、そして横板用木材です。

まず支柱用木材を突っ張りアジャスターで固定します。2本の間隔はあとからとりつける横板の幅に合わせておきます（左の写真）。

突っ張りアジャスターと支柱用木材を使って壁をフル活用しています

支柱用木材に横板を釘で固定すればできあがりです。

ちなみに横板は古材をインターネットで購入して使いました。新品のものより味わいがあるのが気に入っています。

古材は木材用の色つきワックスをスポンジや布を使って塗って塗装し

ています。グレーが基調のインテリアなので、色はスモークグレーを選びました。

こうすれば、横板のどこにでも自由に釘を打つことができます。

壁に穴を開けることのできない賃貸住宅で、この場所だけは自由にできるというわけです。

ここに絵をかけたり、観葉植物のつるを這《は》わせたりして楽しんでいます。

部屋に飾る額も手づくりしています

壁にかけたアートは手づくりの額に入れています。

「額って自分でつくれるの？」と驚かれることがあるのですが、意外に簡単につくれるんです。

額はネットでもホームセンターでも買える「モールディング」という建材を使ってつくります。

モールディングというのは、壁と天井のつなぎ目を覆ったり、装飾を施したりするのに使われる細長い建材です。さまざまデザインがあります。

材質も、木や石膏《せっこう》、ポリウレタンなどさまざまで、切りやすく軽い素材のものも登場しています。

私が使うのは、もっぱら切りやすく加工しやすいポリウレタン製のものです。

モールディングを45度の角度に切り、額縁の形に組み合わせ、接着剤でつけて好きな色の塗料を塗れば完成です。簡単ですよね。

額縁だって自作しています。意外と簡単にできますよ

　ポリウレタン製のモールディングを切るのは、普通のノコギリです。カッターでも簡単に切れてしまうんです。実は木材を切るために電動ノコギリを持ってはいるのですが、すごい音が出るのでめったなことでは使

うことができません。

　額縁のコーナーは、モールディングを45度の角度に正確に切るのがキモですが、素人でもちゃんと切りたい角度に切ることができる素晴らしい道具があるのです。

　私が買ったのは「マイターボックス」という商品名のノコギリガイドで（上の写真）、これをホームセンターで見つけたときは小躍りしてしまいました。値段は1000円もしないくらいです。

額縁を自作するときに使うとっておきの「マイターボックス」というアイテムです

　額縁には水性塗料を2回重ね塗りします。

　たとえば、アンティークっぽくするなら、最初にクリーム色の下地をペンキ用の刷毛で塗り、その上にゴールドの塗料をスポンジに含ませてポンポンとたたくようにつけていきます。

スポンジを使うことでムラができ、「アンティークっぽさが出るかな？」と思って試したら大正解でした。

私がつくっている額は、「一応額らしく見えればいいや」という〝なんちゃって額〟なので、後ろに板や留め金をつけたり、前面にガラスを入れたりはしていません。

自分の好きな絵やポスターを自分の好みで縁《ふち》どって楽しむためのものなので、絵がずり落ちてこないように、テープや画鋲で額に留めるなどして使っています。

キッチンカウンターは古い流し台を再利用して自作しました

アイランドキッチン的なキッチンカウンターは、昔、お金があったときにオーダーした流し台を再利用してつくりました。

カウンタートップの部分には、大理石を板状にしたものがのっていたのですが、今の

古い流し台を利用してつくったキッチンカウンターは部屋のトーンに合わせてカラーリングしました。天板には電源を配置してミキサーを使ったりしています

部屋には合わないので、引っ越しのときに外して処分してもらいました。

そしてひとまわり大きな廃材をもらって、広めの天《てん》板《ばん》をつくることに。

部屋全体がグレーを基調としているので、キッチンカウンターの天板部分と側面をグレーに塗り、リビング側から見える面には、グレーとホワイトのストライプの壁紙を張りました。

もともと流し台なので、

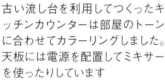

前側に装飾が何もありません。

そこで前面をモールディングで装飾し、天板と同じグレーを塗っています。

天板にコンセントを二つつけましたが、これがミキサーを使ったりするときに、とても便利なんです。

キッチンには何も置きません

普段キッチンには一切ものが出ていません。

キッチンスペースには生活感を出したくないので、〝隠す収納〟に徹しているのです。

食器用洗剤も、小さな容器に入れ替えて引き出しにしまうという徹底ぶりです。

こういうと「食器を洗うスポンジはどうしているんですか？」と聞かれるのですが、そもそも私は食器洗い用スポンジというものを使いません。

代わりに使っているのが、ホームセンターの梱包《こんぽう》資材売り場で買ってきたロール状の

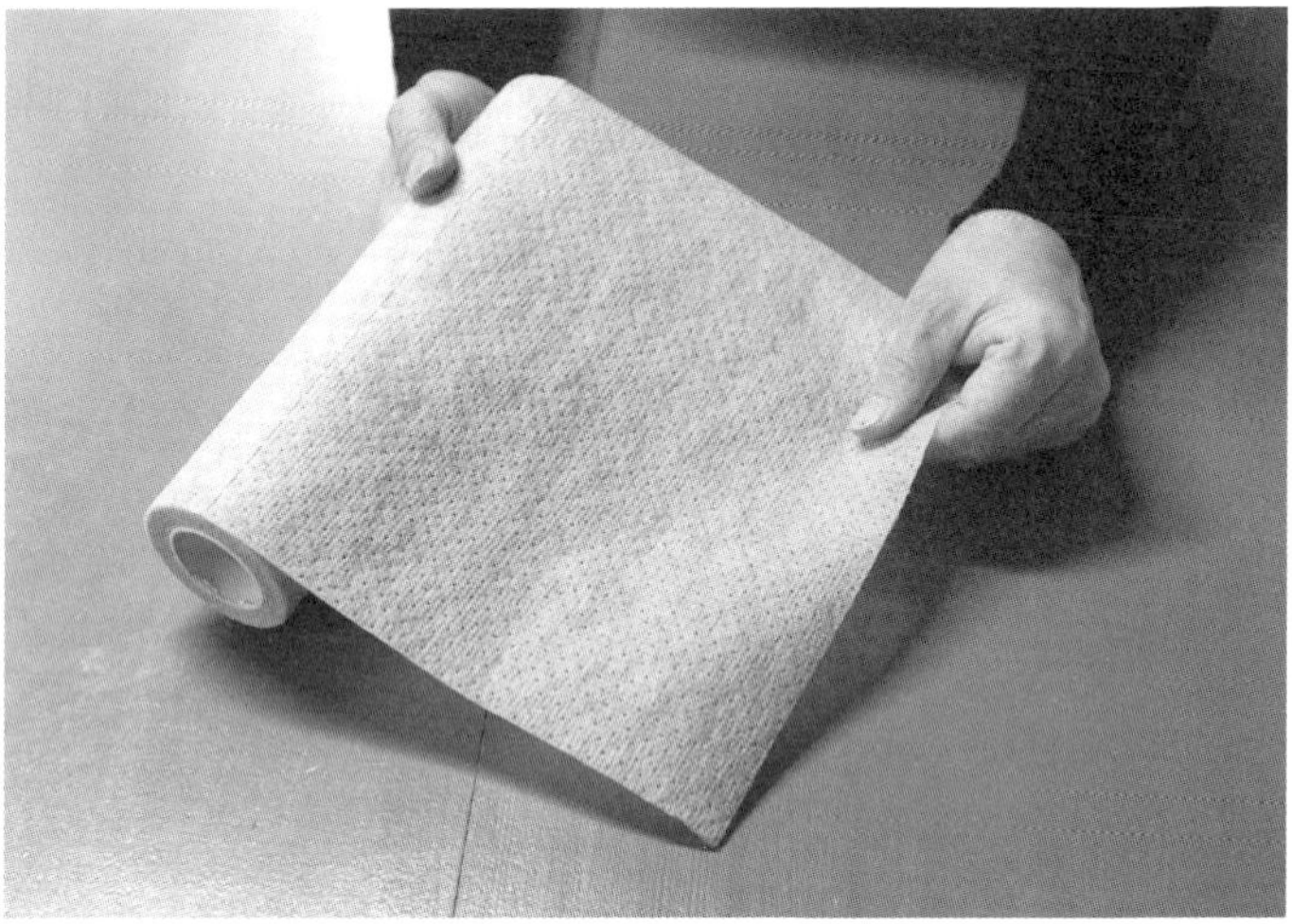

スポンジの代わりにロール状の「不織布」をその都度ミシン目に切って使い捨てしています

不織布《ふしょくふ》です。ネット通販でも買えます。

30㎝ほどの間隔でミシン目が入っていて、けっこうな厚みがあり適度に凸凹《でこぼこ》しているので十分に水を吸ってくれますし、食器用洗剤もよく泡立ちます。

スポンジは、毎日使っていると多くの雑菌がつくと聞きます。その点、この不織布は少量ずつ使い捨てできるので、とても衛生的です。

昔から片づいた部屋が好きでしたが、家族と暮らしていたころは、彼ら彼女らの事情もあって、何もかもすべて目につかないところに置くというわけにはいきませんでした。

今、自分の家を自分の好きにできる贅沢をあらためてかみしめ、つくづく「ひとり暮らしって素敵！」と感じています（ご家族と同居している方、ごめんなさい）。

いちばんの大物自作品はマントルピースです

モールディングがいちばん活躍したのは、今のスタジオに移ったときに〝なんちゃってマントルピース〟をつくったときです。

3種類のモールディングを装飾に使ったこのマントルピースは、今のところ私にとって手づくり品のなかでいちばんの大作になっています。

鏡をはめ込んだ上部と、上部を受ける下部は別々につくっています。

上部の鏡は左右の支柱用木材2本に固定。木材は鏡より上にはみ出る部分は、壁紙に

私がつくったいちばんの大作です

なじむようにライトグレーに、鏡から下の部分は黒く塗りました。上部と下部はL字金具で連結し、鏡の裏にはシート状の照明を仕込んでいます。

モールディングはネット通販で買ったのですが、長さが3mもあるため通常の配送はしてもらえませんでした。

所定の場所まで自転車で行き、受けとって帰ってきたのですが、すれ違う人ごとに「何を持ってるんだ、この人？」とばかりに振り返られるありさまでした。今、思い出しても笑えてきます。

こうして苦心して持って帰ってきた3種類のモールディングをどう組み合わせるか、どうすればいちばん効果的な装飾になるかを考えるのは、とても楽しい作業でした。

究極の体力づくりと脳トレなのかもしれませんね。

狭い洗面所は〝吊るす収納〟で空きスペースを活用しています

洗面所はかなり狭くて、収納場所は洗面台の下にしかありません。タオル、洗剤、ドライヤーのほか、掃除用具一式も、全部ここにまとめておければ便利だと考えて思いついたのが、手づくりの「洗面所ツールタワー」です。

ご存じ「突っ張りアジャスター」で支柱2本を固定し、棚板をL字金具で2枚つけ、さらに市販の棚に引っかけられる収納用品などを駆使して、洗面所に置いておきたいものを全部収納できるようにしました。

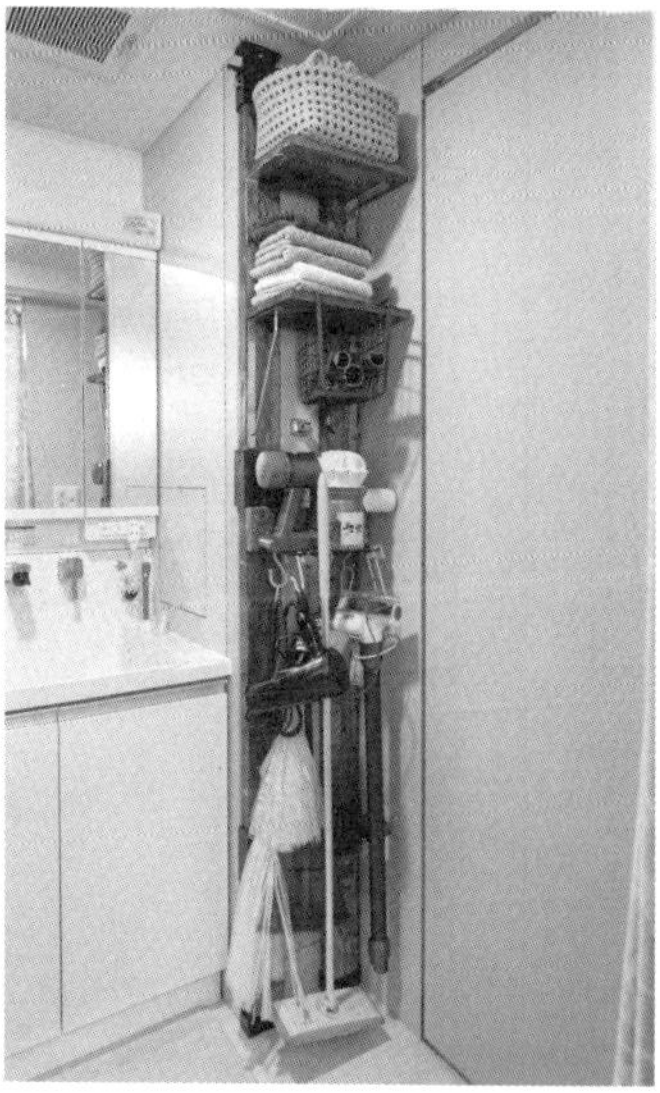

狭い洗面所も収納棚を自作して便利になりました

ほうきやハタキ、フロアモップなど、床に直《じか》置きにしたくないものを吊るして収納できるし、掃除も楽々です。

玄関に「和ダンス」を置いて靴収納をつくりました

玄関には母の形見の和ダンスの下部分を置き、その上に靴収納をつくりました。

木製の「棚受け支柱」を4本とりつけ、好きな場所に棚板を差し込み、ねじで固定します。

これだけだとグラグラするので、棚受け支柱を「突っ張りアジャスター」に固定しました。

上にロールスクリーンをつけ、普段は下ろしておけば、まさかここに大量の靴が収納されているとは誰も思わないでしょう。

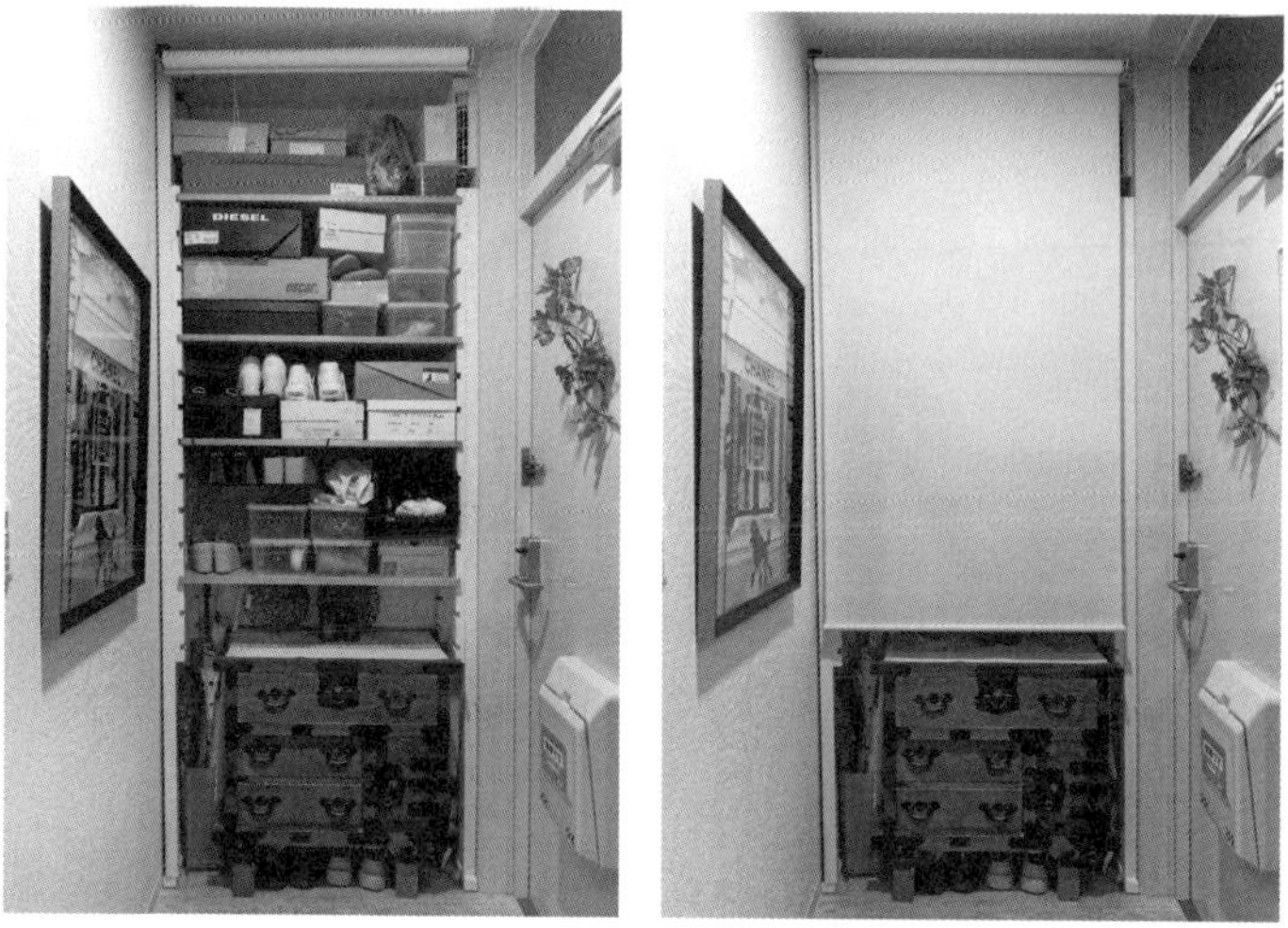

母の形見の和ダンスをアレンジして玄関の靴収納にしています
（普段は右のように上部を目隠ししています）

器は本当に気に入ったものだけを使います

器はいいものをたくさん持っていたのですが、1995年1月に起きた阪神・淡路大震災で、ほとんど割れてしまいました。骨董的な価値のあるものから割れて、ミスタードーナツの景品のお皿は全部残ったという感じです。

今、使っているのは、その中で残った骨董品がメインです。江戸時代につくられた有田焼の一種、藍色の染めつけの古

阪神・淡路大震災で残った古伊万里をずっと愛用しています

伊万里が多いです。

新しい器はあまり買わないのですが、切子《きりこ》が好きなのでお金を貯めて時々買っています。

切子って各地にあるみたいですね。今のところ私が持っているのは江戸切子だけなのですが、次は薩摩《さつま》切子を買いに鹿児島に行ってみたいと思っています。

第8章 パソコン

動画編集も自分でやってしまいます

70代でもパソコンを使いこなしています

最初にパソコンを買ったのは2000年代初頭のことでした。目的はスタジオのホームページを自分でつくるためでした。

当時の広告手段といえば、駅のホームに看板を出すか「タウンページ」という名の職業別電話帳に広告を出すくらいしかありませんでした。

駅のホームに看板を出すには、大金が必要です。必然的に残る手段はタウンページへの掲載になってしまいます。電話番号だけではなく、ちょっとしたキャッチコピーを入れた小さい枠の広告を出すのにかかる費用は5000円くらいでした。


そのころ、マッサージといえばもっぱら男性向けで、女性向けを打ち出しているところはありませんでした。

そのため、タウンページの広告に「女性専用のサロンです」とキャッチコピーを入れたところ、驚くほど多くのお問い合わせをいただくことができました。

ほぼ全員が「タウンページを見て問い合わせました」とおっしゃっていたので、その当時の広告手段としては最適なものだったと思います。

そこにやってきたのが、江戸末期以来の「黒船」といわれたインターネットです。

当時はインターネットどころかパソコンがいかなるものなのかわからない人も多かったと思います。

新しいものを受け入れるのって勇気がいりますよね。なかなか手を出せないのも無理はありません。

でも、私は生来の新し物好き。いずれ世界中がインターネットでつながり、いつでもどこでも欲しい情報が手に入ると聞き、私の胸は高鳴りました。

不思議なことに「これってもしかしたら、タウンページに代わるすごい広告になるんじゃない？」という思いはありませんでした。

それ以前にとにかく新しいものに触れたい、試してみたい、使いこなしてみたい、という気持ちのほうが強かったのです。

気持ち的には前のめりだったのですが、いかんせんパソコンは今よりずっと高価だったので、コスト的に折り合いをつけるのに少し時間がかかりました。

そんなふうにして手に入れた初代パソコンは、当時の価格で25万円ほど。すでに離婚してシングルマザーになっていたので、だいぶ勇気のいる金額ではありましたが、思い切って買いました。

もうすぐ50歳になろうかという年齢でしたが、自宅にパソコンがやってきた日は、子どもが欲しくてたまらなかったおもちゃを手に入れたときのように、ワクワクドキドキが止まらず、ずっとパソコンの前に座っていたことを覚えています。

当時のネットの使い勝手は最悪でした……

何度も間違えてやり直したりしながら、どうにかホームページのフレームだけはつくることができて、喜んだのもつかの間……次は閲覧した人に見てほしい情報をアップしていかなければなりません。

これが、さらに大変な作業になりました。

当時、ホームページをつくるためのソフトウェアは「インターネット・エクスプローラー」というものしかなく、私もこれを使ったのですが、どうしようもなく動きが遅いんです。

おまけに通信環境も今のように整っていなかったので、「使い勝手の悪いソフト＋劣悪な通信環境」の二重苦です。

ホームページですから当然、写真（画像）が入りますよね。文字だけのホームページなんて、まったく魅力がありませんから。

なのにデジカメからパソコンに画像をとり込むのにも、画像をホームページにアップするのにも、恐ろしいほどの時間がかかりました。まだ回線も整備されていない時代だったので、混みあって動かなくなってしまうのです。

昼間の通信料は高かったのですが、深夜は「つながり放題」みたいな契約があり、多くの人がそれに入っていたのでしょう。

結果としてだいぶ早期からホームページを立ち上げたということになるので、いろんな方から「先見の明があったんですね」と言われます。

でも私としては、「先を見越して」というよりも、やりたいことをやっていたらたまたまそうなったという感じです。

「これからはネット社会になり、市場は大きくなるからやっておこう！」なんて思っていたら、今ごろ私は投資家として成功していたんじゃないかと思います。

私の頭の中には、「インターネットの登場→市場拡大」という図式は全然なく、ただ好奇心の赴《おもむ》くまま、自分のやりたいようにやっていただけなのです。

そのうえ、私は実際に手を動かしながらなんとかしてしまうタイプです。

同じ年くらいの方から「私にもやり方を教えてよ」と頼まれることがあるのですが、自分の中で体系化も理論化もできていないので、人に教えるということがなかなかできません。

ことIT機器に関しては、自分ではできても、他人には教えられないのです。頭で覚えるのではなく、体で覚えていくからでしょう。これもまた私らしいなと思います。

66歳でYouTuberになりました

私が苦心してホームページをつくりあげたころから、どんどんソフトウェアは使いやすいものになり、通信環境も整っていきました。

新しいものをとり入れながら随時、ホームページに改良を加えてきたわけですが、今から5年ほど前、66歳のときにふと新しいことに挑戦したくなったのです。

それがYouTubeです。

私が日ごろから生徒さんに指導していることがYouTubeに向いているというの

もありますが、それ以上に純粋に動画をつくることに興味を持ったのです。ＹｏｕＴｕｂｅに動画をアップするには、撮影から出演、編集まで行わなくてはなりません。ちょっとハードルが高いですよね。

お金を払ってプロに外注してもいいのですが、そのハードルの高さに燃えた！（笑）。どこまでもチャレンジの好きな女です。

最初にホームページをつくったときに比べて、パソコンの機能も通信環境もかなりよくなりましたから、ＹｏｕＴｕｂｅ動画の作成もずいぶん楽に感じました。

だってインターネットで調べれば、懇切丁寧につくり方を説明した動画がたくさん出てくるのですから。

「なんて便利な時代になったんだろう！　こんな時代に生きていてよかった！」と心から思いました。

編集ソフトは高くても高機能なものを使っています

現在、私はスタジオでのレッスンやオンラインレッスンのほか、動画レッスンも行っています。

レッスン動画の作成となると、やはり一定レベル以上の映像の質や演出・効果が必要になるので、それまで使っていたフリー（無料）ソフトでは性能が追いつかなくなりました。

また「仕事のためにクオリティの高いものを」という理由だけでなく、自分自身、よりいいものを使ってみたいという気持ちも出てきたんです。

そこで目をつけたのがアドビの動画編集ソフト「Creative Cloudコンプリートプラン」です。なんのことやらわからないかもしれませんが、これはデザイナーさんたちが使うプロ仕様のソフトがセットになっていて、正規だと年間使用料が7万円以上する高価なものです。

どんなに使い勝手がよくてもちょっと私には手が出せない金額です。だってあくまで「年間使用料」ですよ。

人間関係
食事
睡眠
健康
メンタル
ファッション
インテリア
パソコン

プロ仕様の動画編集ソフトを使いこなしています

1回買ってずっと使えるならともかく、毎年のコストが7万円って、ちょっとやってられません。

ところがうまい具合に、とあるスクールに登録して教材セットとして買う方法があることを知ったのです。

すると年間3万8000円と、月々にならすと3000円ちょっとですみます。

それくらいのランニングコストなら許容の範囲内と思い、使い始めたところ、さすがの使い勝手のよさでした。

今まで苦労して何十分もかけてやっていたことが、ボタン操作一つで瞬時に実現できてしまいます。

これを使い始めてから動画編集がますます楽しくなり、今では月に1~2回はレッスン動画やフリー動画の撮影・編集をするようになっています。

レッスン動画の販売料という収益も生んでくれるので、月々3000円なにがしですむならお安いものと感じるようになりました。

いち早くZoomをとり入れました

コロナ禍で外出自粛が広がった際、ビデオ会議ツール「Zoom(ズーム)」の利用が一気に広まりました。

これはパソコンやスマホを使って、オンラインで顔を見ながら対話できるツールですが、これを使い始めたのも私は早かったと思います。

コロナ禍で対面レッスンがまったくできなくなったとき、Zoomの存在を知って、す

人間関係
食事
睡眠
健康
メンタル
ファッション
インテリア
パソコン

ぐさまとり入れました。

Ｚｏｏｍを使えば、オンラインで多くの人を相手にパフォーマンスをお見せすることができます。レッスンにはうってつけだったのです。

生徒さんの中には、自分の顔を出したくない人もいます。そんなときはビデオをオフにして音声のみで参加することもできますし、ビデオも音声もオフにして見学するだけにもできます。

最初のころこそＺｏｏｍなんて見たことも聞いたこともないという人がほとんどでしたが、外出自粛が求められ、在宅勤務が増えたころから理解されるようになっていきました。

生徒さんたちからは「対面とまったく変わらないどころか、むしろレッスンがわかりやすかった」という声もずいぶんいただいたものです。

そのうち打ち合わせなどもＺｏｏｍで行うようになりました。

人と人は顔を合わせてこそナンボという部分は確かにあります。お互いの顔を見て話すからこそ化学反応が起こりやすく、新しいものが生まれるということもあるでしょう。

とはいえ、お互いの都合をすり合わせるのが難しいけれども、一度ここでミーティングの機会を持ちたいなどというときには、積極的にZoomを活用するのがいいと思います。

インターネットの環境さえあれば、遠方にいるお子さんやお孫さんとも、動画通話で楽しくお話しすることもできますしね。

私は東京のマスコミ関係の方から仕事のお声がけをいただくことがしばしばあるのですが、コロナ前は打ち合わせは電話で話すか、私が東京へ出向くか、先方にわざわざ来ていただくかでした。

でも、電話では先方の顔も見えず、資料の共有も難しいですし、東京~大阪間の移動は物理的に負担が大きいですよね。

それを一発で解消してくれたのがZoomです。

コロナ禍では、大きな我慢を強いられた私たちですが、Zoomのような便利なコミュニケーションツールが広まったことは、画期的なことだったと思います。

電子機器は用途別に使い分けています

今、使っているパソコンやスマホ、タブレットは全部アップル製品です。

いちばん大きいのがデスクトップのMac。これは自宅のデスクの上に置いてあります。

次がB5サイズくらいのiPadと、さらに小さなiPad mini、それにiPhoneも持っています。

これら4種類を用途別に使い分けます。

今、私のメインの連絡手段であるLINEと、銀行間の振り込み、さらに電子マネー

パソコン、スマホ、タブレットはすべてアップルで統一しています

の決済はiPhoneで行います。

文芸書以外の本を読んだり（私は文芸書は紙の本でないと読めない派なんです）、写真を見たりするのはiPad mini。iPhoneだとちょっと小さいかな、と思うようなものを見るために使うわけです。

ひとまわり大きなiPadはパソコン代わりに使います。

外出先で作業をしたいときや出張のときは、これを持って行くのです。キーボードがついているので使いやすいですね。

ランニングコストはかかりますが利便性には勝てません

4台も所有しているので、もちろんランニングコストはかかります。

でも便利だし、何より持っていること自体がうれしいんです。子どものおもちゃみたいなものかもしれません。

そんなこんな、総合的に考えると、コスト負担はやむなしといったところです。

むしろコストがかかる分、「思いっきり使い倒して楽しんじゃおう！」という気持ちでいます。

お金のやりとりはネット銀行を利用しています

仕事で月に何回か、お金を振り込まなければいけないときがあります。

実は私、この「振り込み」というのが大嫌いでした。念のため申し上げておきますが、お金を払うことそのものがイヤなわけではありませんよ。

お金は私が何かを得た対価なので、支払うことになんの異存もありません。問題は銀行のATMに行く時間と振り込む手間、それにバカみたいに高額な（と私は感じていました）振込手数料を支払わなければならないことです。

特に振込手数料！　人手を介するわけでもなく、機械でお金を振り込むのに「なんでこんなに手数料をとられなくちゃいけないのよ！」といつもプンプンしていました。

ところが、私のそんな怒りをなくしてくれる「インターネットバンキング」という名の救世主が現れたのですから、世の中捨てたものではありません。

インターネットバンキングとは、スマートフォンやパソコンを使って、振り込み・振り替えや残高照会を始めとするさまざまな銀行手続きができるサービスです。

私は現在、楽天銀行と住信SBIネット銀行、それにauじぶん銀行という三つのネット銀行を使っていますが、銀行＝店舗営業をするもの、と思い込んできた人にとっては、店舗がない＝銀行の実体がない、と感じられるかもしれません。

私のような高齢者の中には、敬遠する人が多いようですが、とっても便利ですよ。

振込手数料がかからないケースが多いんです

私にとっていちばんメリットが大きいのが、預金残高に応じて、毎月何回か振込手数料0円のサービスが受けられることです。私が利用しているネット銀行では、それぞれ数回ずつ他行への振り込みができるのでとても便利です。

振り込みの回数が多い方は、インターネットバンキングを使うとかなりお得だと思います。

現金はほとんど持ち歩きません

新しいサービスが好きなので、ＰａｙＰａｙ（ペイペイ）のような電子決済にも抵抗がありません。

現金はほとんど持ち歩かず、スマホでの電子決済かクレジットカード支払いですませています。

私くらいの年齢だと、現金決済が当たり前の時代が長かったので、クレジットカードすら怖くて使えないという方も少なくありません。

でも一度、使ってみるとその便利さに驚くのではないかと思います。


そもそも海外に比べて日本は〝現金信仰〟が根強いみたいです。

現金を使わずに支払いをすませるキャッシュレス比率は、経済産業省が算出した２０２２年のデータによると、日本は36・0％に留まります。

韓国93・6％、中国83・0％、イギリス63・9％（いずれも２０２０年の数値）に比べると日本のキャッシュレス化は相当遅れているのです。


それに現金払いにないメリットもあります。

使った分の一定割合が、ポイントとして還元されるのです。電子決済なりクレジットカードなりで使った金額が多ければ多いほど、戻ってくるお金（ポイント）も多くなるというわけです。

これが本当にバカになりません。

もちろんポイント目当てにたくさんのお金を使う必要はないのですが、どうせ何かにお金を使うのなら、現金払いでおしまいになるよりも、いく分かでも還元されるサービスを選んだほうが得ですよね。

そもそも現金は、キャッシュレスに比べてリスクが高いことにお気づきでしょうか？

盗まれることもあれば、なくしたりすることもありますし、いろんな人の手を介すものですから、少々神経質なことをいえば不潔ともいえます。

さて、部屋にテレビはありますが、私はテレビを見ない生活をしています。

必然的に情報源は、インターネットがメインということになります。

気になるサービスがあったらいろんな情報を集めて、とり入れるかどうか検討します。

知り合いの若い人に「実際、使ってみてどうなの？」と聞くこともよくあるんです。

シニアこそIT機器を使いこなしましょう

一般的に高齢者はIT機器に疎《うと》いという印象があるからでしょうか。先日、スマホの買い替えをしたときは、セールス担当の若い男性に驚かれました。

私を見るなり「これは詳しく説明しないと理解できそうにないな」と思われたのでしょう。懇切丁寧にわかりやすく説明しようとしてくれたのですが、話しているうちに私がけっこう詳しいことがわかったようで、「えー、この人、こんなことまで知ってるの？」みたいな顔をされました。

家電量販店でIT機器関連のわからないことを尋ねたところ、「そんな突っ込んだことを尋ねてきたお客様は初めてですよ」と言われたこともあります。

IT機器を使えるようになれば、世界が広がります。私は世界が狭くなりがちな高齢者こそ、ＩＴ機器を味方につけることで人生の楽しみが倍増するのではないかと思っています。

そしてフェイスブックやＸ（旧・ツイッター）などのＳＮＳ（交流サイト）を通じて自分のことを発信していくことも、とても意味のあることだと思います。

私自身、ただの物珍しさから始めたインターネットのホームページを皮切りに、ブログ、ＳＮＳ、さらにはＹｏｕＴｕｂｅと広げていけるようになりました。

こうして本を出せるのも、自分がしていること、考えていること、楽しんでいることを発信し続けてきたからです。

もしあのとき、「インターネットなんて関係ないわ」と思っていたら、今の自分はありませんでした。

世の中の人はいろんなことを知りたがっています

今ほど、世の中の人が情報を求めている時代はないと思います。

そして思いがけない情報が喜ばれる時代でもあります。人々の関心がどんどんニッチになっている今、「こんな情報を誰が欲しがるんだろう?」と思うようなことが、求められることもあるのです。

私たち高齢者には豊富な経験があります。その経験を楽しみながら発信してみてはいかがでしょう。

たとえば梅干しをつくるときにカビを生やさない方法とか、おいしい天日干しの干物のつくり方などでもいいのです。

一歩踏み出してみたら、そこには今まで見たことのない世界が広がっているかもしれません。

厚生労働省の発表した令和4年簡易生命表によると、日本人女性の平均寿命は87・09歳だそうです。ということは、平均的にいうと71歳の私にはまだ16年くらいの余命があるということになります。

さあ、この16年でどんな経験ができるでしょうか。そう考えるとワクワクします。

毎朝、起きるのが楽しくて仕方ありません。

人間関係
食事
睡眠
健康
メンタル
ファッション
インテリア
パソコン

おわりに

「我慢しないで」

母の声が今でも耳に響きます。

大正12（1923）年、関東大震災の年に東京に生まれ、バブル崩壊直前の1990年に67歳で亡くなった母は、まさに「我慢の人」でした。

経済的には恵まれた家庭でしたが、結婚生活は幸せなものではなかったと思います。カッとなるとすぐに手の出る父に殴られたのでしょう。頬《ほお》にあざができていることがよくありました。

母の世代の女性の多くがそうだったように、母はそんな父に口答え一つせず、ただただ我慢し続けたのだと思います。

一度たりとも、私の前で愚痴をこぼしたことはありませんでした。

「我慢しないで」と言われたのは、母ががんで闘病中だったときのことです。

自分が人生の終わりを迎えつつあることがわかったとき、娘である私に初めて本当の想いを伝えてくれたのだと思います。

そのころ私は結婚生活に疲れ果てていたのですが、心配をかけたくなくて母には一切そのことは伝えていませんでした。

でも母は女親の勘で、私が悩んでいることを見抜いていたのでしょう。

母が亡くなった後、私は17年連れ添った夫と離婚しました。

我慢しない人生の選択を後押ししてくれたのは、まぎれもなく母の言葉でした。


今、私は我慢しない人生を生きています。

末期寸前のがんになったことで、我慢しないはずだった自分が知らず知らずのうちに我慢していたことに気づいてから、自分らしい人生を送れるようになりました。

少しでも引っかかりを感じることはやめて、やりたいことだけをやっています。

今はこう思っています。

「なんだ。好きなことだけやる人生なんて無理と思っていたけど、できるじゃないの」

2年前に古希を迎えた私も、声を大にして言いたいです。

「我慢しないで」

これまで我慢してきた人が、いっぺんにそれをやめるのは難しいかもしれません。だったら一つずつ手放していけばいいと思います。

やがて「当たり前」と思っていた我慢が、実はしなくていい我慢だったことに気づくのではないでしょうか。

今、私は自分史上最高に楽しく生きていて、しかも毎日それが上書きされています。

「毎朝、起きるのが楽しくて仕方ないくらい楽しいの！」と言うと驚かれますが、これ、本音です。

だって今日は昨日とは違った1日になるでしょ？　それって新しい経験ができるということですよね。

新しい経験をした私はそれをどう感じるんだろう、私の何かが刺激を受けてどこかが変わるかもしれない……そう考えると楽しくてたまらないのです。

私たちは日々新しい自分を生きています。とても素敵なことだと思いませんか？

ぜひ今日も私と一緒に「〇〇〇〇（あなたのお名前）史上最高に楽しい1日」を送りましょう！

2023年11月　ソネ ジュンコ

著者：ソネジュンコ

1952年大阪府生まれ。父親が会社を経営する裕福な家庭に生まれ育つ。裕福な家庭に嫁ぎ、3人の子宝に恵まれたものの離婚。子どもたちとともに実家に戻るも、父親が営む会社が倒産し、住む家を失う。貯金も底をつき、子どもたちとともに食べていくため、体当たりで働いた整体院でつかんだノウハウをもとに独立した。しかし、61歳で末期寸前のがんに。不安を抱えながらの人生も、小さなことは気にせず、料理・手芸・洋裁・DIY・パソコンなど、お金をかけずに今を楽しんで毎日を送っている。現在、大阪市郊外の団地でひとり暮らし。

71歳、団地住まい
毎朝、起きるのが楽しい「ひとり暮らし」

2023年12月5日　第1刷発行

著者　ソネジュンコ
発行所　ダイヤモンド社
〒150-8409　東京都渋谷区神宮前6-12-17
https://www.diamond.co.jp/
電話　03-5778-7233（編集）　03-5778-7240（販売）

装丁デザイン　小口翔平＋須貝美咲（tobufune）
本文デザイン　大場君人
編集協力　堀 容優子
写真　川瀬典子
校正　三森由紀子
製作進行　ダイヤモンド・グラフィック社
印刷・製本　三松堂
編集担当　斎藤順

ISBN　978-4-478-11846-7

◆ダイヤモンド社の本◆

92歳で現役！
私に定年は
ありません

『92歳 総務課長の教え』

勤続66年で培った仕事のスムーズな進め方、成長するための小さな習慣、失敗を恐れない考え方、上司と部下の作法など63の秘訣がわかる。

玉置泰子 著

定価（本体 1400 円＋税）
ISBN978-4-478-115213

まあ、いいか
それがどうした
人それぞれ

『死ぬまで上機嫌。』

人生は考え方次第。苦労の多い人生だったとしても、「まあ、これでいいか」と思えれば、万事解決。弘兼流・ストレスをためない上機嫌な生き方。

弘兼憲史 著

定価（本体 1300 円＋税）
ISBN978-4-478-109670